Unkonventionelle Betrachtungsweisen zur Wirtschaftskrise

UWE PETERSEN

Unkonventionelle Betrachtungsweisen zur Wirtschaftskrise

Von Haien, Heuschrecken und anderem Getier

PETER LANG
Frankfurt am Main · Berlin · Bern · Bruxelles · New York · Oxford · Wien

Bibliografische Information der Deutschen Nationalbibliothek
Die Deutsche Nationalbibliothek verzeichnet diese Publikation in der Deutschen Nationalbibliografie; detaillierte bibliografische Daten sind im Internet über http://dnb.d-nb.de abrufbar.

Umschlaggestaltung:
Olaf Glöckler, Atelier Platen, Friedberg

Gedruckt auf alterungsbeständigem,
säurefreiem Papier.

ISBN 978-3-631-60562-2

Im Gedenken

an meinen Freund und Studienkollegen Joachim Gäbler (1931-1994)

Professor für Wirtschaft an der Goethe Universität Frankfurt am Main

Inhaltsverzeichnis

Einleitung

Die gegenwärtige weltweite Wirtschaftskrise ist ein so komplexes Gebilde, dass viele bereits meinen, sie sei schon überwunden. Sie glauben das, weil die Aktienkurse steigen und sich in Deutschland wieder eine wirtschaftliche Belebung abzeichnet. Dennoch ist die wirtschaftliche Entwicklung so fragil, dass es jederzeit zu neuen Zusammenbrüchen und Turbulenzen kommen kann.

Durch koordinierte Aktionen der Staatengemeinschaft konnte die Immobilienkrise zwar abgefedert werden, aber nur zu dem Preis, dass die Risiken aus den Schuldenbeziehungen auf die Staaten übertragen wurden, d. h. die öffentliche Verschuldung sich dramatisch erhöhte. Als Folge davon wurden Länder wie Griechenland zahlungsunfähig und droht ähnliche Zahlungsunfähigkeit anderer Länder. Dadurch wurde und wird der Euro als Zahlungsmittel gefährdet. Diese Krise konnte nur durch die Übernahme und Bereitschaft zur weiteren Übernahme von Staatsschulden der betreffenden Länder von anderen Staaten abgefangen werden. Letztlich werden die öffentlichen Schulden dadurch aber nur anders verteilt und entsprechend die Fragilität der anderen Staaten und damit der Weltwirtschaft als ganzer erhöht.

In den folgenden Beiträgen wird versucht, die verschiedenen die globale Krise bestimmenden Komplexe verständlich zu machen. Die Beiträge wurden so zusammengestellt, dass sie, wie der Verfasser hofft, die einzelnen Aspekte des Wirtschaftsgeschehens erklären und sich dennoch zu einem Gesamtverständnis der Krise ergänzen. Wer eine noch ausführlichere wirtschaftspolitische und ethische Darstellung und Analyse der globalen Finanz- und Wirtschaftskrise und ihrer Genealogie sucht, sei auf mein Buch *Wirtschaftsethik und Wirtschaftspolitik. Zur Überwindung der globalen Wirtschaftskrise. Von der liberalen zur sozialliberalen Wirtschaftsordnung*[1] verwiesen.

Die fundamentalste Ursache der weltwirtschaftlichen Fragilität ist die zunehmende ungleiche Vermögens- und Einkommensentwicklung zugunsten weniger und die daraus sich ergebenden Ungleichgewichtige im wirtschaftlichen Geschehen. Diese Ungleichheiten spiegeln sich in nationalen und internationalen Schuldbeziehungen, die durch gegenläufige Wirtschaftsaktivitäten, d. h. durch Sparen der Schuldner zugunsten der Gläubiger nicht abgebaut werden

1 Petersen (2010a)

können, weil die Gläubiger die Rückzahlungen nicht für eigenen Konsum oder in dem Umfang auch nicht für zusätzliche Investitionen verwenden können.

Durch Exportüberschüsse in Schwellenländern und davon abgeleitet in hoch industrialisierten Exportländern, wie Deutschland und Japan, ergeben sich zwar konjunkturelle Belebungen. Zugleich werden dadurch die internationalen Schuldbeziehungen und damit die Fragilität der Weltwirtschaft aber noch weiter vergrößert.

Die Beiträge mögen zwar unkonventionell sein. Aber mit konventionellen Methoden allein werden wir der schleichend fortwirkenden Weltwirtschaftskrise nicht Herr.

Wie kommt es zu der sich immer weiter verschärfenden Vermögens- und Einkommensdisparität?

Allgemein wird beklagt, dass sich die Einkommens-und Vermögensunterschiede zwischen reichen und ärmeren Bürgern ständig vergrößern. Wie das folgende Diagramm zeigt verfügten bereits im Jahre 2005 20 % der US Bürger über 50 % des Einkommens.

12552: Einkommensverteilung in USA 1967-2005
(Anteil des obersten Fünftels am Haushaltseinkommen)

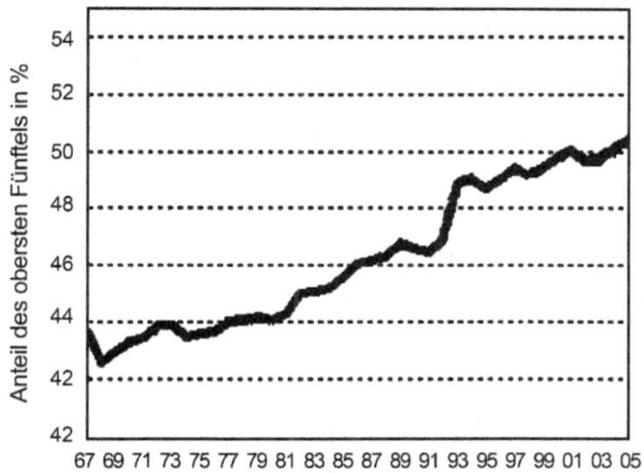

Quelle: US Census Bureau. Jahnke-http.//www.jjahnke.net

Die Einkommensunterschiede sind insbesondere im Zuge der Globalisierung der Wirtschaft enorm gewachsen. Joachim Jahnke stellte in seinem Buch *Falsch globalisiert*[2] bereits 2006 fest: >>Die USA haben die bei weitem größte Ungleichheit in der Einkommensverteilung unter allen hochentwickelten Industrieländern. Der Vergleich zu Deutschland fällt sehr deutlich aus: in den USA ist der Unterschied zwischen dem Anteil am Gesamteinkommen der 10 % Spitzeneinkommen und dem der 10 % untersten Einkommen mehr als doppelt so groß. Das obere Fünftel monopolisiert nach einem unaufhaltsamen Aufstieg (...) etwas mehr als die Hälfte aller Einkommen (...). Da kann es nicht überraschen, wenn die Federal Reserve in "Recent Changes in U. S. Family Finances" auch ein ungleiches Anwachsen der Vermögen feststellt, nämlich in der Gruppe der 10 % Spitzeneinkommen zwischen 1992 und 2001 um mehr als 90 %. Das eine Prozent der Familien an der Spitze besaß bereits 30 % aller Vermögenswerte, die obersten 10 % sogar 65 % (Wert für Deutschland: 47 %) Der Trend zu immer

2 Joachim Jahnke: *Falsch globalisiert.*

mehr Ungleichheit dürfte sich in den letzten Jahren fortgesetzt haben, zumal sich die Aktienmärkte inzwischen wieder erholt haben. Symptomatisch dafür ist der Anstieg der Zahl der Millionäre von denen es 2006 bereits 7,9 Millionen gab.<<[3]

Auch in Deutschland haben wir eine Spreizung der Einkommensentwicklung, wie aus folgender Tabelle hervorgeht:

Bevölkerung nach Einkommensschichten in Deutschland

	1986	1996	2006
Einkommensstarke	5,3	6,4	9,2
Einkommensoberschicht	10,9	11,6	11.3
Bezieher mittlerer Einkommen Einkommensmittelschicht	63,2	61,3	54,1
Einkommensschwache	8,5	7,5	7,2
Einkommensunterschicht	12,1	13,2	18,3
in %			

Quelle: SOEP/DIW (2008) (bedarfsgewichtetes Haushaltsnettoeinkommen)[4]

Die Veränderung der Bevölkerung nach Einkommensschichten ergibt sich aus folgender Übersicht:

Veränderung der Bevölkerung nach Einkommensschichten zwischen 1996 und 2006

in Mio.

Bevölkerung insgesamt	Einkommens-schwache	Bezieher mittlerer Einkommen	Einkommensstarke
+0,7	+4,1	-5,5	+2,1

Quelle: SO EP/DIW (2008) (bedarfsgewichtetes Haushaltsnettoeinkommen) sowie Berechnungen des IWG BONN[5]

Meinhard Miegel u.a. kommentieren diese Entwicklung: >>Von 1986 bis 2006 erhöhte sich das Medianeinkommen in Preisen von 2008 um knapp 19 Prozent von 15.772 auf 18.750 Euro. Dabei verlangsamte sich der Einkommensanstieg im Zeitablauf deutlich. Von 1986 bis 1996 stieg das Einkommen doppelt so stark wie von 1996 bis 2006.[6]

---

3 http://www.jjahnke.net/us.html

4 zit. nach: Meinhard Miegel, Stefanie Wahl, Martin Schulte: *Die Einkommensentwicklung ausgewählter Bevölkerungsgruppen in Deutschland*, S. 16.

5 Zit. nach: Meinhard Miegel, u.a. a. O., S. 18.

6 Allerdings war es bis 2003 vorübergehend auf rund 19.400 Euro gestiegen.

Allerdings hatte nicht die ganze Bevölkerung gleichermaßen an diesem Zuwachs teil. Während sich die Einkommen in der einkommensstärkeren Hälfte, namentlich im einkommensstärksten Zehntel der Bevölkerung um reichlich ein Drittel von 27.092 auf 36.515 Euro[7] pro Jahr erhöhten, gingen diejenigen des einkommensschwächsten Zehntels um ein Prozent von 8.937 auf 8.826 Euro[8] zurück. Anders als noch in den 1980er und 1990er Jahren ist die zunehmende Einkommensungleichheit heute nicht mehr nur auf eine im Vergleich zu den einkommensstärkeren Schichten geringere Einkommensdynamik der Einkommensschwächeren zurückzuführen, sondern auch darauf, dass letztere real effektive Einkommenseinbußen erlitten.<<[9]

Was sind die Ursachen für diese Entwicklung?

Es gibt drei Quellen des Vermögenswachstums:

1. Vermögensbildung aus Arbeitseinkommen
2. Grundbesitz als erste urwüchsige Vermögensbildung
3. Vermögenszuwachs aus realwirtschaftlichen Investitionen
4. Spiel-/Spekulationsgewinne durch Kapitalmarkttransaktionen

1. Vermögensbildung aus Arbeitseinkommen

Wenn man Leistungsträger zum Maßstab unterschiedlicher Einkommen nimmt und man die Höhe der gerechtfertigten Einkommen an der Arbeitsleistung festmacht, dürfte kaum jemand daran Anstoß nehmen. So wird auch niemand Bill Gates beneiden, der aufgrund seiner Erfindungen und Innovationen zu einem der reichsten Männer der Welt geworden ist. Auch dass die Leistung von Führungskräften und Fachleuten höher vergütet wird, als ein einfaches Arbeitseinkommen, wird kaum jemand infrage stellen.

Bei Führungskräften dürfte dabei allerdings weniger ihre Verantwortung von Bedeutung sein. Denn die wirkt sich erfahrungsgemäß im Zeitalter des *goldenen Handschlags* und möglicher Versicherungen für Führungskräfte finanziell kaum aus, wenn man von dem möglichen Verlust der Stellung absieht. Aber Führungskräfte brauchen eine besondere Qualifikation, sind meist weit über normale

7 Personen mit einem Einkommen in dieser Höhe oder darüber gehören zu den obersten zehn Prozent der Einkommensbezieher.

8 Personen mit einem Einkommen in dieser Höhe oder darunter gehören zu den untersten zehn Prozent der Einkommensbezieher.

9 Meinhard Miegel u.a.: S. 16f.

Arbeitszeiten hinaus tätig und müssen für ihre gesellschaftliche Stellung einen höheren Aufwand treiben.

Allein aus Arbeitseinkommen werden allerdings nur die wenigsten reich, und alle Versuche, Vermögen in Arbeiterhand, zum Beispiel durch Volksaktien und Sparförderung zu ermöglichen, haben für die Begünstigten allenfalls eine höhere Altersversorgung erbracht. Die fortschreitende Konzentration der Vermögen in immer weniger Händen wurde dadurch nicht verhindert.

Solange die Volkswirtschaften noch relativ geschlossen waren, konnten die Gewerkschaften durch Tarifverträge und notfalls Arbeitskämpfe noch dafür sorgen, dass die Arbeitseinkommensrelationen sich nicht zu sehr auseinander entwickelten. Im Zuge der Globalisierung konnten die Unternehmer aber auf Billigarbeitskräfte in Entwicklungsländern ausweichen und mussten das auch tun, um im Wettbewerb mit anderen Unternehmen bestehen zu können. Durch zunehmende Rationalisierung und Verlagerung von arbeitsintensiven Tätigkeiten in Entwicklungsländer wurde die Macht der Gewerkschaften weitgehend gebrochen. Die Gewerkschaften müssen häufig sogar Lohnkürzungen zustimmen, um Arbeitsplätze zu erhalten. Die Globalisierung weitete die Einkommensschere zwischen Unternehmern und knappen Hochqualifizierten einerseits und einfachen Arbeitskräften ständig aus.

Verstärkt wurde diese Entwicklung noch dadurch, dass weltweit steigendes Anlage suchendes Kapital und Rationalisierungsinvestitionen nicht mehr durch innovative Erweiterungsinvestitionen absorbiert werden. Bei Rationalisierungen glaubte man zunächst noch an kompensierende Arbeitsplätze im Dienstleistungsbereich. Aber abgesehen davon, dass durch Konzentration auf so genannten *Kernkompetenzen* Dienstleistungen aus Produktionsbetrieben nur ausgelagert wurden, fallen auch sie einer fast noch stärkeren Rationalisierung durch Computer und Verlagerung in Billigländer zum Opfer. Übrig blieb nur eine steigende Zahl von gut bis bestbezahlten Finanzdienstleistern und eine steigende Zahl von im Lohn immer weiter abfallenden einfachsten Leistungen.

Niedriglöhne wurden immer weiter gedrückt oder hielten sich bestenfalls auf ihrem Niveau, während "Leistungsträger" immer höher bezahlt wurden, so dass sich allenfalls bei den letzteren Vermögen bilden konnte.

2. Grundbesitz als erste urwüchsige Vermögensbildung

Für frühe Jäger und Sammler war die Nutzung der Früchte der Natur und Einkommen das Gleiche beziehungsweise gab es keinen Sinn, von *Einkommen* zu sprechen. Der Boden war frei beziehungsweise wurde zur Nutzung von Familien und Sippen angeeignet und war dann im Kollektiveigentum. Jagd- und später Weidegründe wurden allerdings gegen Eindringlinge verteidigt und auch durch Gewalt erobert. Insoweit war der Boden bereits Lebensgrundlage.

Alles, was auf dem Boden wuchs und lebte, gehörte dem Bodenbesitzer, war sein *Vermögen*. Da Boden zwar ohne Menschen existiert, Menschen aber nicht ohne einen Boden leben können, wurden Unterworfene dem Boden zugeordnet und gehörten auch zum Vermögen des Bodenbesitzers, waren somit *Leibeigene*. Was Leibeigene produzierten, war für den Grundbesitzer im eigentlichen Sinne kein Einkommen, sondern Bodennutzung.

Von Einkommen kann man erst im Verhältnis zu anderen Subjekten sprechen, d. h. nach der Bauernbefreiung, als der Bauer für die erbrachte Arbeit entlohnt wurde. Für den Grundbesitzer waren es dann Kosten, denn die Früchte aus eigenem Grund und Boden galten nicht als Einkommen.

Boden wurde ursprünglich angeeignet beziehungsweise, wenn er bereits bewohnt war, usurpiert. Erste Grundbesitzer waren deshalb, nachdem alle Menschen unter die Herrschaft von Königen gekommen waren, die Könige. Sie verliehen Teilgebiete an ihre Adeligen, die ihren Grund und Boden aber zunächst auch nur zu Lehen hatten. Insoweit waren sie auch nicht ganz frei, sondern ihren Lehensherren zu Kriegsdiensten verpflichtet. Im Laufe der Geschichte wurden die Adeligen allerdings selbst zu Landesherren und machten sich deshalb auch häufig selbst zu Königen. Streng genommen ist die britische Königin auch heute noch die eigentliche Eigentümerin aller Ländereien in ihrem Lande.

Ein Vermögen ist die faktische oder rechtlich basierte Verfügungsmacht über Sachmittel. Die erste und zugleich fundierteste Form von Verfügungsmacht ist die über Grund und Boden. Da Vermögen andere davon ausschließt, kann ein Mensch auf fremdem Grund und Boden nicht beziehungsweise nur vertraglich bedingt frei sein. Die Selbstwerdung der Menschen zu freien Bürgern ist daher gleichbedeutend mit der Säkularisierung des von allen genutzten Bodens.

Soweit ursprünglich gewaltsam angeeigneter und/oder zunächst als Lehen und später auch zu Eigentum gewordener Grundbesitz nicht durch Revolutionen und Säkularisierung von Kirchengütern in Allgemeineigentum überführt wurde, konnten sich feudale Gesellschaftsanteile erhalten.

3. Vermögenszuwachs aus realwirtschaftlichen Investitionen

Die Wirtschaftskraft einer Volkswirtschaft ist nicht nur Arbeitsleistungen geschuldet, sondern auch abhängig von der Höhe der Investitionen in Produktionsanlagen, Know-how und Marktstellung. Kapitalisten, die die notwendigen Ersparnisse oder Vermögen zur Verfügung stellen, erwarten dafür eine Vergütung in Form von Zinsen und Dividenden, die somit eine weitere Einkommensquelle sind. Auch Grundbesitz konnte Basis für besondere Renteneinkommen im Rahmen kapitalistischer Nutzung werden. Besonders augenfällig war das auch bei Bauern in Stadtgebieten, die durch Umwidmung von Ackerflächen in Bauland plötzlich reich wurden.

In dem Maße, in dem Einkommensbezieher ihr Kapital realwirtschaftlich investieren, und das können bevorzugt höhere Einkommensbezieher, wachsen ihnen zusätzlich zu ihrem Arbeitseinkommen immer mehr Vergütungen aus den Kapitalanlagen zu. Selbst wenn die Relationen zwischen den verschiedenen Arbeitseinkommen gleich bleiben, vergrößert sich dennoch allein aus dem überproportionalen Zuwachs der Kapitalerträge die Disparität der Vermögensverteilung ständig.

Vermögen im weitesten Sinne ist Quelle von Renteneinkommen, die zu einem Anteil am Sozialprodukt berechtigen, obwohl die Vermögensbesitzer insoweit keine Arbeitsleistung erbringen. Ererbtes Vermögen kapitalistisch genutzt bringt dem Eigner zusätzlich zu dem Arbeitseinkommen noch Renteneinkommen.

Unterschiedlicher Vermögensbesitz schafft für heranwachsende Generationen ungleiche Startbedingungen. Volkswirtschaftlich kann das potentielle Reservoir von Leistungsträgern nicht ausgeschöpft werden, weil arm Geborene schon von der Erziehung und Ausbildung her benachteiligt sind und kein Startkapital für wirtschaftliche Aktivitäten zur Verfügung haben. Wenn auch die Vermögensbildung aufgrund besonderer Leistung unserer liberalen und demokratischen Gesellschaft gemäß ist, so wird die Gesellschaft doch gestört, soweit ererbte Vermögen die Entwicklungschancen der nicht Vermögenden korrumpieren.

Um ein zu starkes Auseinanderdriften im Vermögensbesitz und Einkommen zu mildern, wurden hohe Einkommen progressiv besteuert und Vermögen mit Vermögens- und insbesondere Erbschaftssteuern belastet. Die Globalisierung erleichterte aber auch die Verlagerung von Wohn- und Firmensitzen, und der internationale Wettbewerb um Steuerzahler erzwang eine immer geringere Besteuerung. Auch dadurch wurde die Konzentration der Einkommen in der Hand immer weniger zusätzlich begünstigt.

4. Spiel-/Spekulationsgewinne durch Kapitalmarkttransaktionen

Noch schneller als durch Arbeit kann man durch einen Lotteriegewinn oder durch Gewinne in einer Spielbank reich werden. Spielgewinne resultieren nicht aus wirtschaftlichen Leistungen. Sie werden kompensiert durch entsprechende Verluste anderer. Deshalb galten sie nach dem so genannten gesunden Volksempfinden als unmoralisch.

Spieler haben üblicherweise genügend Kapital. Sie wollen zwar gewinnen. Mehr noch reizt sie die Spannung des Spielverlaufs selbst. Üblicherweise setzen sie nur beschränkt Mittel ein, natürlich in Abhängigkeit von der Größe ihres Vermögens. Wenn sie verlieren, verbleibt ihnen meist noch genügend für einen gehobenen Lebensstandard.

Je reicher die Vermögenden jedoch wurden und je mehr sich im Zuge der Globalisierung immer neue Anlagemöglichkeiten zeigten oder "innovativ" neu entwickelt wurden, umso interessanter wurde der Kapitalmarkt selbst als *Spielfeld,* kann man dort doch durch intelligenten strategischen Kapitaleinsatz weit vielseitigere Gewinnmöglichkeiten erschließen, als in traditionellen Spielcasinos, wo der Spieler fast ausschließlich auf den Zufall von Glückstreffern angewiesen ist.

Banken haben an sich die Funktion, den Geldverkehr zu erleichtern und auf Börsen Unternehmern, die für ihre Investitionen mehr Kapital benötigen, als sie selbst haben, Sparmittel anderer zu vermitteln. Aufgrund des steigenden Anlagedrucks der Vermögenden erschloss sich den Banken aber ein neues Geschäftsfeld: die Beratung von Vermögenden zur Optimierung ihrer Kapitalanlagen. Durch Beratung, Vermittlung der verschiedensten Anlagemöglichkeiten und Umschichtung bestehender Vermögen konnten die Banken allein an Gebühren weit mehr verdienen, als ihnen die Zinsdifferenz vermittelter Kapitalien und Buchungsgebühren erbrachten. Die Banken spalteten sich daher häufig in eine

Beraterbank (Spielbank) für Vermögende und die Geschäftskundenbetreuung, die in andere Abteilungen oder, wie seinerzeit bei der Deutschen Bank, in eine so genannte *Bank 24* ausgegliedert wurde. Die *Bank 24* wurde allerdings später wieder, wohl aus optischen Gründen, in die Deutschen Bank zurückgegliedert. Der Beraterbedarf wuchs so schnell, dass sich eine besondere Kaste von Finanzdienstleistern und Versicherungsmaklern zur Absicherung von Anlagen entwickelte.

Wie konnte sich der Kapitalmarkt in ein Spielcasino verwandeln?

Im Spielcasino wechseln nur definierte Bestandswerte ihren Besitzer. Was der eine gewinnt, verliert der andere, natürlich verringert um die Provisionen der Spielbankbetreiber und Spielsteuern. Saldiert man alle Gewinne (inklusive Casinokosten und Steuern) mit den Verlusten, dann sind es Nullsummenspiele. Volkswirtschaftlich wird durch Spiele kein zusätzliches Sozialprodukt geschaffen. Das Gleiche gilt für im Altbestand gehaltene Aktien, wenn sie aus spekulativen Gründen an der Börse gehandelt werden.

Aktien werden ausgegeben, um Eigenkapital für Investitionen einzusammeln. Die Menge der ausgegebenen Aktien ist auf den Finanzbedarf des Unternehmens bezogen. Der Kurs der Aktien ist, wenn der Finanzbedarf richtig kalkuliert wurde, eine Währungseinheit oder eine Zehnerpotenz davon. Sind die Ertragsaussichten höher, als bei anderen Aktien, bildet sich auf dem Markt jedoch ein höherer Kurs.

Traditionellerweise orientierten sich die Aktionäre an dem Vermögen des Unternehmens und einem längerfristig mehr oder weniger gleich bleibenden Gewinn. Wenn die Gewinne ordnungsgemäß immer an die Aktionäre ausgeschüttet werden, bräuchte der Wert des Unternehmens, d. h. der Aktienkurs nicht zu steigen. Eine Steigerung ist nur zu erwarten, wenn sich die Ertragskraft des Unternehmens erhöht oder Gewinne nicht ausgeschüttet, sondern investiert werden und dadurch der Vermögenswert des Unternehmens steigt. Eine goldene Regel für Aktienbesitzer war deshalb, Aktien längerfristig zu halten. Diese Regel gilt nicht mehr.

Wie Thorsten Kramer berichtet, analysierte die Privatbank M. M. Warburg, für den Zeitraum 2000 bis 2009, >>welche Korrelation sich aus dem Durchschnitt eines Bewertungsfaktors über einen Zeitraum von sechs Monaten mit der Kursentwicklung einer Aktie ergibt. Das Ergebnis lautet, kurz zusammengefasst: gar keine. M. M. Warburg schließt daraus, dass es durchaus Phasen gibt, in denen der Aktienmarkt etwa ein niedriges KGV honoriert. Es gibt aber auch solche Phasen, in denen sich der Markt an einem hohen KGV nicht besonders stört. In jedem Fall lässt sich somit festhalten, dass es keinen Indikator gibt, der über einen längeren Zeitraum in die gleiche Richtung läuft wie die Wertentwicklung.<<[10]

Warum sind die Aktienkurse, wenn man traditionelle Erwartungen zugrunde legt, seit etwa letzten 20 Jahren nicht mehr eindeutig Wert steigernd?

Der wachsende Wohlstand in den Industrieländern, insbesondere der vermögenden Bürger, lässt die Ersparnisse schneller wachsen, als sich dafür innovative Investitionen ergeben. Der Anlagedruck erhöht sich entsprechend und treibt dann auch die Aktienkurse, wenn vom Kapitalbedarf der Unternehmen her kein zusätzliches Aktienkapital nachgefragt wird, das heißt das Kapitalangebot übersteigt die Kapitalnachfrage und treibt somit die Kurse hoch.

Zugleich mindert sich der *Grenznutzen* von Kapitalanlagen, d. h. der zusätzliche Nutzen der jeweils letzten Gewinneinheit, je höher der Vermögensbestand eines Vermögenden ist. Für Kleinaktionäre dient die Kapitalanlage zukünftigen Konsummöglichkeiten und insbesondere einer besseren Altersversorgung, bleibt somit weiterhin auf realwirtschaftliche Käufe bezogen. Für Vermögende spielen solche Überlegungen keine Rolle. Sie haben bereits genug, um sich ihre materiellen Wünsche zu erfüllen. Ob sie somit durch Kapitalanlagen gewinnen oder verlieren, berührt ihren Lebensstandard nicht.

So wird die Kapitalanlage zum *Spiel.* Wenn man aber mit Aktien spielt, dann orientiert man sich nicht an längerfristigen sachwertbezogenen Gewinnerwartungen. Dann geht es auch nicht so sehr um Dividende, die Aktien abwerfen. Dann ergeben sich die höchsten Gewinne aus Kursarbitragen, das heißt: Aktien kaufen, wenn sie im Kurs niedrig sind, und aus ihnen aussteigen, wenn sich ein Ende einer spekulativen Kurssteigerung abzeichnet.

Erleichtert wird das Spiel noch dadurch, dass auch die handelbaren Vermögenswerte im Zuge der Globalisierung ständig umfangreicher und vielseitiger werden und man sein Geld auch in bestimmte Währungen, Immobilien, Gold und Rohstoffen anlegen kann. Aktien stehen somit in Konkurrenz zu anderen Kapitalanlagen, in die und aus denen jederzeit umgestiegen werden kann. Der Aktienmarkt verliert dadurch klare Trends. Alle möglichen wirtschaftlichen und politischen Ereignisse können Spekulationen auslösen, auf die ein Spieler reagieren muss. Verständlich, dass dadurch der Bedarf an Anlageberatern- und Finanzdienstleistern zunimmt.

Wenn die Aktienkurse steigen, wachsen allen Aktienbesitzern Vermögen zu, den einen mehr den anderen weniger. Wenn die Kurse fallen, verlieren auch alle, ebenfalls die einen mehr und die anderen weniger, es sei denn sie haben ihre Aktien rechtzeitig verkauft und/oder auf fallende Kurse gewettet. Echte Einkünfte haben nur die Finanzdienstleister, die bei jeder Transaktion satte Provisi-

10 Thorsten Kramer: *Günstige Titel sind nicht immer Schnäppchen*, S. 16.

onen kassieren und als Fondsverwalter gewinnabhängige Vergütungen erhalten, soweit sie nicht selbst auch beteiligt sind.

Wenn wir vereinfachend davon ausgehen, dass die Spekulationen in Aktien ein Null-Summen-Spiel ist, d. h. Gewinne und Verluste sich die Waage halten, so verlieren doch alle zugunsten der Finanzdienstleister, besonders natürlich unerfahrene Kleinaktionäre und die Teilnehmer an der Realwirtschaft, soweit Gewinne aus Rohstoff- und Währungsspekulationen resultieren. So wird verständlich, dass in Ländern mit Finanzzentren um die 40 % aller Unternehmensgewinne von Finanzdienstleistern verdient werden.

Wenn man, wie es Liberale gern tun, die Qualifizierung als Leistungsträger an dem Einkommen festmacht, dann müssten die Finanzdienstleister die eigentlichen Leistungsträger sein, obwohl sie nur Spekulationen unterstützen und durch Rohstoff-und Währungsspekulationen die Realwirtschaft schädigen. Als Leistungsträger scheuen sich Liberale deswegen auch, Finanzdienstleister zu besteuern und halten Staaten, die von den Steuern der Finanzdienstleister leben, ihre schützende Hand über sie.

Allerdings tragen Finanzdienstleister in Höhe ihres Konsums auch dazu bei, dass für realwirtschaftliche Investitionen nicht genutzte Ersparnisse in Form von (Luxus-) Konsum und Ausgaben für Kunst, Wissenschaft und soziale Zwecke dem realwirtschaftlichen Kreislauf wieder zufließen, zumal ihre Sparquote nach den Erfahrungen aus den USA nahe 0 % ist. Wer unheimlich viel verdient und schon ein ansehnliches Vermögen hat, der gibt das Geld auch mit vollen Händen wieder aus.

Wenn man die verschiedenen Vermögensbildungsmöglichkeiten überschaut, so dürfte klar geworden sein, dass man aus einfacher Arbeit kaum reich wird, Vermögen somit schon da sein muss, um weiter wachsen zu können.

Das, weil sich dafür keine realwirtschaftlich lukrativen Investitionen mehr finden, mehr und mehr vagabundierende Kapital wandert auf den spekulativen Kapitalmarkt und befeuert dort das Spiel mit Aktien, Rohstoffen und Immobilien. Werte werden dadurch nicht geschaffen. Das reale Sozialprodukt steigt dadurch auch nicht. Wohl aber ist es Quelle für Einnahmen von Finanzdienstleistern. Das vagabundierende Kapital wird, insoweit es von Finanzdienstleistern konsumiert wird, als Kapital verbrannt, hilft damit aber wiederum auch zum Ausgleich auf dem realwirtschaftlichen Markt.

Da Finanzdienstleister nur von Vermögenden leben, durch ihre Beratungen und Finanzdienstleistungen aber überproportional verdienen, gehören sie zu den Spitzeneinkommensbeziehern. Ihre Position stärkt sich in dem Maße, in dem ihnen auch die Einkommen immer weniger Vermögenden zufließen und entsprechend die Realwirtschaft erstirbt.

Die wenigen Vermögenden sind aber nicht nur auf die Beschäftigten des eigenen Landes angewiesen. Sie können auch Gewinne aus Produktionen und Dienstleistungen in Entwicklungsländern beziehen. Eine schrumpfende nationale Volkswirtschaft kann sie darum kaum schrecken.

Andererseits werden sie als verbleibende Steuerzahler immer wichtiger und ist die Politik bemüht, sie bei Laune zu halten. Langfristig verschiebt sich jedoch dadurch das Volkseinkommen immer weiter zugunsten weniger und werden früher oder später die Verarmten auch für die Vermögenden zum Problem. Von Wirtschaftsideologen wird die Verringerung der Beschäftigten allerdings nicht als Folge von Rationalisierungen und zunehmender Ungleichheit der Vermögens- und Einkommensverteilung verstanden. Entsprechend fehlt ihnen das Verständnis für die aufzuwendenden Sozialleistungen und wird dann häufig in Krisenzeiten gefordert, Sozialleistungen auch noch zu kürzen.

Zwar beschäftigen sich heute die Banken heute am liebsten mit der Vermittlung von Kapitalanlagen und der Vermögensoptimierung reicher Klienten. Sie haben aber auch für die Realwirtschaft noch eine, wie man sagt, *systemische* Bedeutung, so dass die Staaten sich genötigt sehen, die Banken und damit deren Eigentümer und die von ihnen betreuten Vermögenden im Falle von Krisen zu stützen. Finanzdienstleister tragen zwar im eigentlichen Sinne realwirtschaftlich zum Sozialprodukt nichts bei, beherrschen aber dennoch heute die Wirtschaft. Das heißt: die Vermögenden können zulasten der öffentlichen Hand ihr Vermögen weitgehend behalten und die öffentliche Hand muss den Vermögenden dann später auch noch das Geld, mit dem sie gestützt wurden, zurückzahlen.

Privater Reichtum öffentliche Armut

Nach dem letzten Weltkrieg musste alles Zerstörte wieder aufgebaut werden. Das traf auch auf die zerstörte Industrie zu. Da gab es kein Problem, dass überschüssige Ersparnisse keine Investitionsmöglichkeiten fanden. Im Gegenteil, der Konsum musste zugunsten unternehmerischer Investitionen zurückstehen. Denn unternehmerische Investitionen schufen erst die Arbeitsplätze, die wiederum eine Ausweitung der Produktion möglich machten.

Von der damaligen deutschen Regierung mit dem Wirtschaftsminister Ludwig Erhard wurde deswegen bewusst eine unternehmerfreundliche Wirtschaftspolitik betrieben und, solange die Arbeitslosigkeit noch hoch war, blieben auch die Löhne niedrig. Entsprechend hoch waren die Gewinne. Diese Konstellation zusammen mit einem qualifizierten Facharbeiterreservoir und zusätzlich gefördert durch amerikanische Marshallplankredite war das Geheimnis des so genannten *Deutschen Wirtschaftswunders*.

Je höher der Beschäftigungsgrad wurde, umso leichter konnten die Gewerkschaften Lohnerhöhungen durchsetzen. Der steigende Konsum regte wiederum zu weiteren Investitionen an beziehungsweise ermöglichte den Verkauf zusätzlich produzierter Güter. In den sechziger Jahren zeigten sich dann aber erste Sättigungserscheinungen. Allerdings waren die öffentlichen Investitionen und die Gehälter von Beamten und öffentlichen Angestellten noch relativ niedrig. So sprach man von "Privatem Reichtum und öffentlicher Armut".

Sättigungserscheinungen bei der kaufkräftigen Nachfrage bedeuten volkswirtschaftlich eine zu hohe Sparrate. Um volkswirtschaftlich die fehlende Nachfrage auszugleichen, wurde 1967 in der damaligen *Großen Koalition* von dem damaligen Wirtschaftsminister Karl Schiller und dem Finanzminister Franz Josef Strauß das *Gesetz zur Förderung der Stabilität und des Wachstums der Wirtschaft* (StabG), nicht-amtlich auch *Stabilitäts- und Wachstumsgesetz* und *Stabilitätsgesetz*, geschaffen.

Es erlaubte der öffentlichen Hand bei zu geringer privater Investitionsnachfrage zusätzliche Schulden aufzunehmen, d. h. den Privaten, die für ihr Geld nicht genügend Investitionsmöglichkeiten sahen, Schuldscheine des Staates anzubieten und die aufgenommenen Mittel dann selbst für zusätzliche Staatsausgaben zu verwenden und so das Marktgleichgewicht zu stabilisieren. So konnten, wenn auch auf Pump, Infrastrukturinvestitionen durchgeführt und die hinter der allgemeinen Lohnentwicklung zurückgebliebenen Gehälter von Beamten und öffentlichen Angestellten angepasst werden.

Zurückgezahlt werden sollten aufgenommene Kredite in Boomzeiten. Zugleich sollte dadurch überbordende Investitionsnachfrage gebremst werden. Die wirtschaftstheoretische Basis dieser Gesetze waren die konjunkturpolitischen Thesen von John Maynard Keynes, die er aus den Erfahrungen der Weltwirtschaftskrise von 1929 entwickelt hatte.

Die auf der Grundlage des *Stabilitäts- und Wachstumsgesetzes* verfolgte Wirtschafts-und Fiskalpolitik erwies sich aber aus folgenden Gründen nur bedingt als erfolgreich:

1. Zusätzliche öffentliche Ausgaben müssen geplant, von öffentlichen Gremien abgesegnet und ausgeschrieben werden und entfalten deshalb zusätzliche Nachfrage häufig erst, wenn die konjunkturelle Delle bereits vorüber ist. Sie könnten dann sogar die Konjunktur noch anheizen.
2. Öffentliche Investitionen, insbesondere, wenn sie als Ausgleich für öffentliche Armut, zum Beispiel für Schulen, Schwimmbäder und Kultur eingesetzt werden, bedingen Folgeausgaben, die meist nicht durch steigende Steuereinnahmen gedeckt werden.

   Hinzu kommt, dass Politiker immer geneigt sind, ihren Klientelen etwas zukommen zu lassen. Wie groß dieses Interesse ist, zeigte sich, als trotz unermesslich wachsender Schulden FDP und CSU in den letzten Koalitionsverhandlungen für Gastwirte eine Senkung der Mehrwertsteuer auf Übernachtungen durchsetzten. Wie viel leichter wird dieser Versuchung nachgegeben, wenn die Steuerquellen sprudeln. So kam es auch nicht zu einem antizyklischen Ausgleich erhöhter Verschuldung.
3. Nicht nur werden steigende öffentliche Ausgaben als konjunkturpolitische Maßnahmen notwendig. Die immer komplexer werdenden globalen Wirtschaftsbeziehungen erfordern immer differenziertere staatliche Regelungen und begleitend öffentliche Investitionen und sonstige Ausgaben.

   Die sozialen Probleme aus Verlagerungen von Produktionskapazitäten in Entwicklungsländer und dem Überwiegen von Rationalisierungs- über Erweiterungsinvestitionen müssen abgefedert werden. Außerdem hat der Staat wegen des Auseinanderklaffens der Vermögens- und Einkommensverteilung zunehmende Aufwendungen zu tragen. Hinzu kommen die Belastungen aus dem steigenden Durchschnittsalter der Bevölkerung.

Wenn man die unzureichenden Investitionen in Bildungseinrichtungen und Kita-Plätze, die Notwendigkeit einer Familienpolitik, die Integrationspolitik und Forschungsförderung bedenkt, dann können wir immer noch von privatem Reichtum - wenn auch immer wenigerer - und öffentlicher Armut sprechen. Allerdings dürfen diese Ausgaben nicht durch weitere Verschuldung finanziert werden. Vielmehr müssen diejenigen stärker dazu herangezogen werden, die mit überschüssigem Kapital nur *spielen.*

Warum muss eine Wirtschaft wachsen?

Wirtschaftliches Wachstum gilt heute so selbstverständlich als Maßstab für wirtschaftliche Prosperität, dass die Frage, warum eine Wirtschaft wachsen muss, gar nicht mehr gestellt wird. Gefragt wird allenfalls danach, wieweit die Erde wegen begrenzter Rohstoffvorkommen und zunehmender Umweltbelastungen Wachstum verträgt.

Die Grenzen des materiellen Wachstums beschreibt auch Meinhard Miegel sehr eindringlich in seinem 2010 erschienen Buch *EXIT Wohlstand ohne Wachstum.*[11] Aber bei dieser Frage steht die Natur im Focus, nicht die wirtschaftliche Prosperität, obwohl natürlich die Erschöpfung der Rohstoffreserven und Umweltbelastungen das wirtschaftliche Wachstum mittel- und langfristig entscheidend beeinflussen wird. Kurzfristig laufen die Ziele jedoch gegenläufig, so dass im Hinblick auf das postulierte wirtschaftliche Wachstum als Bedingung für eine gesunde Wirtschaft auch häufig gefragt wird, welchen Umweltschutz wir uns leisten können, ohne dass das wirtschaftliche Wachstum zu stark beeinträchtigt wird. Warum muss also die Wirtschaft wachsen?

Wenn man augenfällig urteilt, so könnte man antworten, um den allgemeinen Wohlstand zu erhöhen. Das mag für Entwicklungsländer zutreffen, gilt aber umso weniger, je mehr das Bruttoinlandsprodukt sich erhöht. So schreibt Meinhard Miegel: >>In Deutschland beispielsweise stieg nach 1945 die Lebenszufriedenheit der Menschen parallel zur Mehrung ihres materiellen Wohlstands, solange sie relativ arm waren – in der unmittelbaren Nachkriegszeit sowie in den fünfziger und sechziger Jahren. Damals war die insgesamt erwirtschaftete Güter- und Dienstmenge, das Bruttoinlandsprodukt (BIP) … ein verlässlicher Indikator für das Wohlbefinden der Bevölkerung. Mit der Gütermenge stieg die Zufriedenheit. Mit jedem Jahr wurde der Anteil Zufriedener größer.

Diese Entwicklung endete um 1970. Zu diesem Zeitpunkt erklärten rund sechzig Prozent der westdeutschen Bevölkerung, sie seien mit ihrem Leben zufrieden oder sogar sehr zufrieden. Das pro Kopf erwirtschaftete BIP lag damals (in Preisen von 2009) bei rund 16 000 Euro im Jahr und das monatlich verfügbare Einkommen bei reichlich 900 Euro.

In der Folgezeit stiegen BIP und verfügbare Einkommen kontinuierlich. Doch der Anteil der Zufriedenen und sehr Zufriedenen verharrte wie festgenagelt bei sechzig Prozent. Heute wird pro Kopf der Bevölkerung – wiederum in

---

11 Meinhard Miegel: *EXIT Wohlstand ohne Wachstum.*

Preisen von 2009 – annähernd doppelt so viel erwirtschaftet wie vor vierzig Jahren und die verfügbaren Einkommen sind 75 Prozent höher. Doch der Anteil Zufriedener und sehr Zufriedener rückt und rührt sich nicht. Wie damals liegt er bei ungefähr sechzig Prozent.([12])<<[13]

Auch wird die Notwendigkeit wirtschaftlichen Wachstums immer damit begründet, dass nur durch Wachstum Arbeitskräfte erhalten und geschaffen werden können. Diese Behauptung gilt aber nur insoweit, als innovative Erweiterungsinvestitionen größer sind als Rationalisierungsinvestitionen. Bei Rationalisierungsinvestitionen kann die Wirtschaft wachsen und die Beschäftigung dennoch schrumpfen.

Während Deutschland in den fünfziger Jahren wieder Vollbeschäftigung hatte, sank von da ab trotz Wachstums die Beschäftigung. Matthias Wilke schreibt: >>Im August 1998 waren in der gesamten Bundesrepublik Deutschland 4,19 Millionen Menschen bei den Arbeitsämtern als Arbeitslose registriert,[14] dazu kommt die sogenannte verdeckte Arbeitslosigkeit. Der Sachverständigenrat schätzt in seinem Jahresgutachten 96/97, daß 1996 mehr als 1,5 Millionen Erwerbstätige durch den Einsatz arbeitsmarktpolitischer Instrumente, zum Beispiel Arbeitsbeschaffungsmaßnahmen, Fortbildung, Vorruhestands- und Altersübergangsgeld verdeckt arbeitslos waren, weil sie nicht unmittelbar von Arbeitslosigkeit betroffen waren.[15] Schließlich müssen noch über 1,6 Millionen Menschen hinzugezählt werden, die sich nicht beim Arbeitsamt registrieren ließen,[16] da sie für sich keine realistischen Beschäftigungschancen mehr sahen, von dieser Situation sind vorwiegend Frauen betroffen. Die Arbeitsämter weisen ausdrücklich darauf hin, daß „... sehr viel mehr Menschen von Arbeitslosigkeit betroffen (sind), als es die jeweils aktuellen Bestandszahlen zum Ausdruck bringen.“[17]<<[18]

Entsprechend heißt es bei Wikipedia lapidar: >>Weil die Steigerung der Arbeitsproduktivität die Steigerung des Inlandsproduktes übertraf<<, hat die Bundesrepublik Deutschland trotz Wachstums >> in allen Dekaden von 1970 bis 2000 ein sinkendes Arbeitsvolumen aufzuweisen.<<[19]

---

12 Vgl. Noelle-Neumann/Köcher Jahrbuch, S.35.

13 Meinhard Miegel a. O., S. 30.

14 vergl. DIW Wochenbericht 38/1998.

15 vergl. Jahresgutachten 96/97, S. 111.

16 vergl. Hickel, Rudolf: *Arbeitslosigkeit: Ökonomisch politische Ansätze zum Abbau der Arbeitsplatzlücke*, S. 29.

17 ABF aktuell Bd. I; S. 7.

18 Matthias Wilke: *Inplacement. Eine Strategie gegen drohende Arbeitslosigkeit, S. 8f.*

19 http://de.wikipedia.org/wiki/Wirtschaftswachstum

Wegen der Hartzgesetze der rot-grünen Koalition wurden Arbeitslose stärker genötigt, Billiglöhne zu akzeptieren. Dadurch stieg zwar die Beschäftigung wieder, das wirtschaftliche Wachstum hat das Einkommen der breiten Massen aber nicht erhöht. Also warum muss eine gesunde Wirtschaft wachsen?

Nun wird argumentiert, dass das wirtschaftliche Wachstum nicht groß genug war, um Beschäftigung und Löhne zu steigern. Aber abgesehen davon, dass sich dafür gar nicht genügend Innovationen zeigten und zeigen, könnte ein höheres Wachstum möglicherweise Arbeitslose wieder in Lohn und Brot bringen. Aber warum ist das nur durch Wachstum möglich? Warum *muss* die Wirtschaft wachsen? Warum kann ein erreichter Lebensstandard ohne wirtschaftliches Wachstum nicht gehalten werden, ja schrumpft die Wirtschaft sogar, wenn nicht investiert wird? Weil dann in Höhe der Investitionen Nachfrage ausfällt.

In welcher Höhe muss demzufolge eine gesunde Volkswirtschaft wachsen? Sie muss in dem Umfang wachsen, dass alle Ersparnisse investiert werden. Das heißt: Die eigentliche Notwendigkeit, warum eine Wirtschaft wachsen muss, ist nicht die Erhöhung oder auch nur der Erhalt des Lebensstandards der gesamten Bevölkerung, sondern *die Höhe der volkswirtschaftlichen Ersparnisse, die investiert werden müssen.* Mit anderen Worten: Eine Volkswirtschaft muss wachsen, *damit die Vermögenden ihre nicht konsumierten Einkommensanteile investieren können.* Je ungleicher die Vermögens- und damit die Einkommensverteilung in einer Volkswirtschaft sind, umso stärker muss eine Volkswirtschaft wachsen.

Allerdings kann es auch dann volkswirtschaftliches Wachstum mit gleichbleibender oder gar abnehmender Beschäftigung und somit beschleunigter Umverteilung der Einkommen zugunsten der Vermögenden geben, wenn im Inland nicht investierte Kapitalien im Ausland angelegt oder auf ausländischen Kapitalmärkten verbrannt werden. Die mit dem Kapitalexport verbundene Nachfrage nach ausländischen Währungen sorgt dann dafür, dass die eigene Währung nicht oder nicht zu stark steigt.

Diese systemimmanente Notwendigkeit des wirtschaftlichen Wachstums sieht Meinhard Miegel in seinem neuen Buch offensichtlich auch nicht. Zwar referiert Miegel ausführlich über die wachsenden Vermögens- und Einkommensdisparitäten, knüpft daran aber nur Grenzen-des-Wachstums- und Gerechtigkeitsüberlegungen. Die Krise ist für ihn nur ein zyklisches Konjunkturphänomen.

Der vergessene Karl Marx

Die Begründer des sozialistischen Wirtschaftssystems leiteten die sozialistische Planwirtschaft aus dem von Karl Marx entwickelten *Historischen Materialismus* ab, und diese Ableitung wurde im Allgemeinen auch von westlichen Politikern und Wirtschaftswissenschaftlern übernommen. Mit dem Zusammenbruch der sozialistischen Planwirtschaften galten deshalb auch die Thesen von Karl Marx als gescheitert und fanden keine besondere Beachtung mehr.

Nun hat Karl Marx eigentlich keine Handlungsanweisung für eine sozialistische Planwirtschaft entworfen. Dafür dienten Lenin die Deutsche Post und die Deutsche Reichsbahn als Vorbilder. Marx analysierte nur die Entwicklung der kapitalistischen Wirtschaft und kam dabei zu dem Schluss, dass im Kapitalismus Arbeit immer mehr durch Maschinen ersetzt wird mit der Folge, dass immer mehr Arbeiter aus dem Produktionsprozess herausgeworfen werden und verarmen. Das ursprünglich von den Arbeitern erwirtschaftete Einkommen fiel dann auf die den Kapitalisten gehörenden Produktionsmittel, ging somit auf die Kapitalisten über. Die wachsende Zahl der Arbeitslosen zwingt die Arbeiter dann auch noch, ihre Arbeit immer billiger anzubieten, wodurch der Anteil der Kapitalisten am Sozialprodukt abermals wächst.

Das zusätzliche Einkommen verwendeten die Kapitalisten aber nicht dazu, primär ihren Konsum zu erhöhen, sondern für zusätzliche Realinvestitionen, um ihre Gewinne abermals zu steigern. Da aber jede Investition letztendlich auf steigenden Konsum ausgerichtet ist, die Kaufkraft der Arbeiter sich aber verringerte und die Kapitalisten diesen Nachfrageausfall nicht durch eigenen Konsum ausglichen, musste es nach Marx notwendigerweise immer wieder zu Überproduktionen kommen, bei denen die schwächeren Konkurrenten aus dem Markt verdrängt wurden und so immer weniger Kapitalisten übrig blieben. Wenn die von Marx erwartete Monopolisierung der Produktionsmittel in wenigen Händen einen Grad erreicht haben wird, dass die Wirtschaft zusammenbricht, dann erwartete er, dass die Masse der Arbeiter die wenig übrig gebliebenen „Expropriateure" enteignet, und die Produktionsmittel zum gesellschaftlichen Allgemeineigentum wird.

Nach Marxens Analyse des kapitalistischen Wirtschaftsprozesses muss der Zusammenbruch des Wirtschaftssystems wie nach einem Naturgesetz kommen, allerdings nicht in wirtschaftlich noch relativ unentwickelten Staaten, wie dem damaligen Russland und/oder asiatischen Ländern. Dort ist nach klassisch marxistischer Lehre wegen der Unterentwickeltheit der Produktionsmittel nach einer

Revolution vielmehr wieder eine neue Klassengesellschaft zu erwarten, wie folgerichtig der jugoslawische Gesellschaftstheoretiker, Milovan Djilas, in seinem Buch *Die neue Klasse. Eine Analyse des kommunistischen Systems*[20] beschrieb.

Für die kapitalistischen Industrieländer hat die Analyse von Marx aber nach wie vor eine Bedeutung, wenn sich die Probleme auch erst viel später, als offensichtlich von Karl Marx erwartet, einstellen. Die Gründe für diese Verzögerung sind folgende:

1. Marx berücksichtigte nicht ausreichend, dass sich die Arbeiter zu Gewerkschaften zusammenschlossen und Lohnerhöhungen durchsetzten und so den Abfall der Konsumquote bremsen konnten. Von orthodoxen Kommunisten wurde die Gewerkschaftsbewegung deshalb auch als verantwortlich für die Verhinderung der sozialen Revolution misstrauisch betrachtet.

   Die Macht der Gewerkschaften wurde in den noch weitgehend geschlossenen Volkswirtschaften später so groß, dass sie immer wieder höhere Löhne als Ausgleich des Produktivitätszuwachses durchsetzen konnten. Die Arbeitgeber wälzten diese Lohnerhöhungen aber so weit möglich wieder auf die Preise ab, so dass es bis in die achtziger Jahre hinein zu so genannten *Lohn-Preis-Spiralen* kam. Erst nachdem das Arbeitskräftepotenzial durch zunehmende Produktionsverlagerungen in Billiglohnländer ausgeweitet wurde, wurde die Macht der Gewerkschaften gebrochen. Von da ab konnte sich die von Marx erwartete Konzentration der Einkommen auf immer weniger Kapitalisten stärker durchsetzen.
2. Marx berücksichtigte nicht genügend das wirtschaftliche Wachstum, durch das freigesetzte Arbeitskräfte in neuen Produktionsanlagen weiter beschäftigt werden konnten. Erweiterungsinvestitionen kommen jedoch dann an ihre Grenzen, wenn der Bedarf gedeckt ist, und innovative Investitionen sind abhängig vom technischen Fortschritt und daraus sich entwickelnden Erfindungen. In dem Maße, in dem wirtschaftlich verwertbare Erfindungen hinter der Akkumulation von Ersparnissen zurückbleiben, muss es deshalb notwendigerweise zu Investitionsnachfrageausfällen und damit Stagnationstendenzen kommen. Wie die *New- Economy-* Spekulationsblase in den neunziger Jahren zeigte, war der Optimismus in die Verwertungsmöglichkeiten neuer Erfindungen zu groß, so dass die in innovative Firmen investierten Kapitalien weitgehend verbrannt wurden.

---

20 Milovan Djilas: *Die neue Klasse. Eine Analyse des kommunistischen Systems.*

3. Für Marx war der Staatsapparat nur ein Unterdrückungsinstrumentarium der herrschenden Klasse. Er unterschätzte deshalb die staatliche Umverteilung von Einkommensanteilen zugunsten der Bedürftigen und Unterprivilegierten, um ihnen einen Mindestlebensstandard zu ermöglichen. Auch dadurch wurde der Abfall der Konsumquote gebremst.
4. In Marxens System dienten Kreditgewährungen nur der Akkumulation von Kapitalien für Investitionen. Er unterschätzte damit die Möglichkeit, dass Kapitalisten Konsumkredite vergeben und dadurch die Konsumquote stabilisierten. Die Bedeutung privater Verschuldung als Konjunkturmotor wird insbesondere augenfällig an der sich über viele Jahre wachsenden Privatverschuldung der US-Amerikaner, die durch Kapitalimporte finanziert wurden.

   Allerdings wird eine Wirtschaft durch zunehmende Schuldbeziehungen labiler und damit die Gefahr wirtschaftlicher Zusammenbrüche größer. Die Gefahren zunehmender privater Verschuldung werden heute zwar allgemein gesehen, eine Rückführung würde aber die Absatzmöglichkeiten zusätzlich einschränken und den Anlagedruck kapitalistischer Investoren vergrößern.
5. Eine noch größere Bedeutung für die Vermeidung von strukturellen Überproduktionen hatte die Staatsverschuldung. Insbesondere Rüstungen und Kriegsfinanzierungen haben Stagnationserscheinungen bereits vor dem ersten Weltkrieg gemildert und dazu beigetragen, die Weltwirtschaftskrise von 1929 zu überwinden, in Nazideutschland früher, in den USA, solange die *New-Deal*-Politik betrieben wurde, und endgültig und in den anderen Ländern, als sie sich auf den drohenden Krieg vorbereiten mussten. Nach dem Krieg gab es dann wieder genügend Konsum-und Investitionsbedarf, um Ersparnisse zu binden.

Interessanterweise wurden die Rüstungen und Kriegsfinanzierungen in den kapitalistischen Ländern von marxistischen Theoretikern bereits als Mittel zum Ausgleich von Überproduktionen und Verhinderung des wirtschaftlichen Zusammenbruchs beschrieben, so Lenin in dem Buch *Der Imperialismus als höchstes Stadium des Kapitalismus* [21]. Der Faschismus galt folgerichtig als Erscheinung des verfaulenden Kapitalismus.

In diesen Interpretationen zeigte sich wieder die einseitige Bewertung kapitalistischer Staaten als Unterdrückungsinstrumente der kapitalistischen Klasse. Staatsausgaben müssen aber nicht zwingend für Rüstung und Krieg erfolgen. Nach dem Zweiten Weltkrieg waren Rüstungen zwar auch ein we-

21 W. I. Lenin: *Der Imperialismus als höchstes Stadium des Kapitalismus* .

sentlicher Beitrag zur steigenden Staatsverschuldung. Aber die Rüstungen waren weniger imperialistisch als verteidigungspolitisch motiviert und unterschieden sich darin nicht von Rüstungsausgaben der sozialistischen Staaten. Weit umfangreicher waren steigende Staatsausgaben aus sozialpolitischen, regionalpolitischen, forschungspolitischen und entwicklungspolitischen Motiven. Generell halfen aber die Staatsausgaben spätestens ab Ende der sechziger Jahre auch zum Ausgleich fehlender Unternehmernachfrage nach Investitionsgütern, trug somit die Staatsverschuldung mit dazu bei, dass der von Karl Marx erwartete wirtschaftliche Zusammenbruch des Kapitalismus in die Zukunft verschoben wurde.

Die Notwendigkeit, private Nachfrage durch Staatsausgaben zu kompensieren, hat sich im Laufe der Jahre ständig erhöht und hat während der gegenwärtigen Weltwirtschaftskrise einen dramatischen Höhepunkt erreicht. Wegen der zusätzlichen privatwirtschaftlichen Schuldbeziehungen infolge der Immobilienkrise, haben sich die Staaten über ihre laufende Verschuldung hinaus so stark zusätzlich verschulden müssen, dass ihre Kreditwürdigkeit zunehmend fraglich wird.

6. Was Marx auch noch nicht übersehen und was dazu beigetragen hat, dass sich der erwartete Zusammenbruch des kapitalistischen Wirtschaftssystems immer weiter in die Zukunft verschob, war die Entwicklung des virtuellen Kapitalmarktes, auf dem überschüssige Ersparnisse gleichsam *verbrannt* werden.

Das geschieht in folgender Weise: Kapitalisten, die für ihre Ersparnisse keine realwirtschaftlichen Investitionsmöglichkeit finden, bieten sie auf dem Kapitalmarkt an. Dadurch erhöht sich das Kapitalangebot. Solange nicht in gleichem Umfang neue Aktien angeboten werden, erhöhen sich die Aktien*kurse*. Politiker, aber auch Wirtschaftswissenschaftler, die die Vorgänge auf dem Kapitalmarkt nicht durchschauen, werten diese Kurssteigerungen dann häufig bereits als Anzeichen für einen Aufschwung.

Natürlich stehen Aktien auch im Wettbewerb mit anderen Kapitalanlagemöglichkeiten. Auch können vorsichtige Kapitalisten ihre Ersparnisse in liquider Form halten. Unterschätzt wird aber häufig der Druck Anlage suchenden Kapitals, der auch die Kurse nach oben treiben kann. Kurssteigerungen motivieren dann auch wieder andere, stärker in Aktien zu investieren, wodurch die Kurse weiter nach oben getrieben werden.

Inwieweit Aktienkurssteigerungen realwirtschaftlich fundiert sind, ist umso weniger eindeutig bestimmbar, je mehr vagabundierendes Kapital Anlage sucht. Negative, aber auch nur scheinbar negative Wirtschaftserscheinungen können die Kurse dann auch wieder fallen lassen. Vergrößert werden die Kursschwankungen noch durch professionelle Spekulanten, die sich Sparkapital leihen und damit spekulieren.

Ersparnisse, die realwirtschaftlich nicht investiert werden und nur Aktienkurse treiben, sind für sich Nachfrageausfälle auf dem realwirtschaftlichen Markt. Der Kapitalanlagedruck und das Spielen mit Bestandswerten, wie Altaktien, Gold, Immobilien, Pretiosen, aber auch spekulatives Aufkaufen von Rohstoffen und Spielen mit Finanzderivaten, hat den Bedarf an *Anlageberatern* und *Finanzdienstleistern* immer mehr erhöht. Dadurch wurden neue Arbeitsplätze geschaffen, die durch Provisionen einen Teil der Ersparnisse wieder abschöpfen und soweit sie damit ihren gehobenen Lebensunterhalt bestreiten, realwirtschaftlich den Konsum wieder erhöhen.

Finanzdienstleister dienen, sofern sie nicht nur, wie die traditionellen Banken, Unternehmen Kapital vermitteln, nur spekulativen Neuanlagen und Umschichtungen von Beständen, haben somit realwirtschaftlich keine Funktion. Obwohl sie insoweit nur den Spieltrieb von Spekulanten unterstützen, galten sie als hochwertige Arbeitsplätze, die auch dazu beitragen, wegfallende Arbeitsplätze in der Produktion zu ersetzen.

Normalerweise ist zu erwarten, dass mit steigendem Einkommen die Sparrate sich erhöht. Da auf dem Kapitalmarkt dermaßen hohe Gewinne gemacht werden, wenn großenteils auch nur virtuelle Gewinne aus spekulativ hochgetriebenen Bestandswerten, werden diese Gewinne häufig wiederum, wie es bei Spielgewinnen üblich ist, mit vollen Händen ausgegeben. So ist die Sparrate beispielsweise in den USA bei den Vermögenden nur nahe null Prozent.

Von den Ausgaben der Reichen profitieren Konsumwarenhersteller und Dienstleister bis hin zur Luxus- und Freizeitindustrie. Aber viel Geld wird auch für Kunst, Forschung und Entwicklung und soziale Zwecke ausgegeben. Städte und Länder, in denen sich Börsen und somit auch Finanzdienstleister konzentrieren, wie insbesondere die USA und Großbritannien, leben weitgehend von den Konsumausgaben und direkt und indirekt anfallenden Steuern.

Durch die Finanzdienstleister und allgemeinen Verluste, wenn sich in Krisen die Vermögen wegen fallender Kurse und Sachwertverluste wieder entwerten, werden Vermögen verbrannt. Die eigentlichen Spieler werden jedoch immer noch genügend für ihren Lebensunterhalt und weitere Spiele übrig haben. Leiden tun in der Regel nur unerfahrene meist Kleinkapitalanleger, die für ihren Altersabend sparen.

Wenn alle diese, man könnte sagen, Palliative auch den totalen Crash verhinderten oder hinausschoben, so hatte Marx mit seiner Analyse, dass die Konzentration der Vermögen und Einkommen in den Händen weniger das eigentliche Problem kapitalistischen Wirtschaftens ist, doch recht. Weil Marx aber vergessen wurde, glauben viele, in Krisenzeiten auf die bauen zu müssen, die die Krisen letztlich verursacht haben. Denn die, so wird argumentiert, *verstehen doch etwas von der Wirtschaft*.

Wann kommt das Ende der Krise?

Dass die Krise wirtschaftspolitisch neue Weichenstellungen nötig macht, das haben inzwischen alle begriffen, auch wenn Weichenstellungen bei der FDP primär Steuersenkungen zur Ankurbelung der Konjunktur heißen.

So ist man sich einig, die Neuverschuldung zurückzuführen, auch wenn zur Stützung des Euro 750 Mrd. € von den Notenbanken mit weitgehender Haftung der Staaten bereitgestellt werden. Auch fordern alle, eine stärkere Beteiligung der Banken an den Kosten der Krise und eine stärkere Regulierung ihrer Geschäftstätigkeiten.

Aber abgesehen von Sonderwünschen der Länder, in denen die Kapitalmärkte sich konzentrieren und die deshalb von Kapitalmarktspekulationen besonders profitieren, bestehen auch allgemein noch Bedenken, im Augenblick die Eigenkapitalquote der Banken im Verhältnis zu ihren Ausleihungen zu erhöhen und die vergünstigten Refinanzierungsmöglichkeiten der Geschäftsbanken bei den Zentralbanken einzuschränken. Die Banken hätten dann weniger Liquidität, um Kredite an die Wirtschaft zu geben.

Hinzu kommt, dass die Banken auf dem Kapitalmarkt durch eigene Spekulationen und Vermittlungsgebühren sehr viel mehr verdienen, als an Zinsen und Bankgebühren im Geschäftsbankenbereich. Eine stärkere Regulierung der Geschäftstätigkeit der Banken würde daher überproportional auf die Realwirtschaft durchschlagen. Deshalb wird allgemein empfohlen, mit den Reformen bis zu einer nachhaltigen Konjunkturerholung zu warten. Aber wann kommt der nächste Konjunkturaufschwung?

Klassischer Weise werden Aufschwungsphasen durch Innovationen ausgelöst. Noch wirksamer ist das Ende eines verheerenden Krieges, wenn alles wieder aufgebaut werden muss und der Staat sich durch eine Währungsreform seiner Schulden entledigt hat. Besonders eindrucksvoll zeigte sich das in Deutschland nach dem letzten Weltkrieg, aber auch in anderen europäischen Staaten. Darüber hinaus konnten die zentraleuropäischen Länder Innovationen aus der Rüstungsforschung und der Zivilwirtschaftwirtschaft der Vereinigten Staaten, von denen die zentraleuropäischen Länder während des Krieges ausgeschlossen waren, nutzen.

Diese Impulse banden das Kapital bis in die sechziger Jahre. Danach reichten die Innovationen jedoch nicht mehr aus, um aus der Wirtschaft allein Wachstum zu generieren, zumal das Kapital stärker wuchs als die wirtschaftlich nutzbaren Innovationen. Durch Rationierungsinvestitionen wurden auch mehr Arbeitsplätze freigesetzt, als durch innovative Produkte gebunden werden konnten.

Auch die Hoffnung, durch neue Dienstleistungen alle aus der Produktion freiwerdenden Arbeitsplätze binden zu können, erfüllte sich nicht, zumal Dienstleistungen selbst rationalisiert und automatisiert wurden. Zwar gab es insbesondere durch die Computerisierung und Informationstechnologie neue Impulse. Doch war die Rationalisierung der Produktion inzwischen so weit fortgeschritten, dass nur wenige weitgehend automatisierte Fertigungsstätten den Bedarf an neuen Produkten sättigen konnten.

Dass die Industrie dennoch unter Dampf gehalten werden konnte, verdanken wir insbesondere dem Kalten Krieg. Die Staatsausgaben für Rüstung, Militärhilfe und Entwicklungshilfe, um möglichst viele Staaten in das eigene Lager zu ziehen, verhinderten zwar einen völligen Absturz in die Depression, bewirkten aber keinen selbst tragenden wirtschaftlichen Aufschwung. Zudem erhöhten sie zugleich laufend die Staatsverschuldung.

Nach dem Ende des Kalten Krieges traten an deren Stelle die Irakkriege und der Afghanistan Krieg sowie die Bekämpfung des Terrorismus. Ansonsten löste der Druck des anlagesuchenden Kapitals nur Spekulationsblasen aus, die durch die Deregulierungen der Geschäftstätigkeit der Banken und Finanzdienstleister von Staatswegen noch begünstigt wurden. Der Ausbruch der Wirtschaftskrise konnte dadurch allerdings nur hinausgezögert werden, hat allerdings die Krise selbst noch verschärft.

Im Zuge der zunächst in Amerika propagierten angebotsorientierten Wirtschaftspolitik und Innovationswelle, insbesondere im *Silikon Valley*, bildete sich die Meinung, man müsse jungen innovativen Unternehmen nur genügend Geld geben, und schon würde eine innovative Revolution ausgelöst. Diese theorielastige Vorstellung konnte sich in der Praxis jedoch nicht bewähren. Dort zeigte sich, dass Innovationen sehr viel schwerer in verkaufbare Produkte umgesetzt werden können, als die Innovationsideologen glaubten. So musste dann die so genannte *dotcom-Spekulationsblase* platzen und wurde das eingesetzte Kapital weitgehend verbrannt.

Dann glaubte man an ständig steigende Immobilienpreise. Auch diese wurden durch Anlagedruck immer weiter in die Höhe getrieben und motivierten die Finanzdienstleister zu immer neuen Derivaten, bis auch diese Spekulation zusammenbrach.

Wo hinein soll sich das für den Konsum nicht benötigte Finanzkapital nur ergießen? Auf welche Konjunkturbelebung warten wir? Wenn auch noch rüstungsbedingte Staatsausgaben als Konjunkturbelebung ausfallen, auf welchen wirtschaftlich immanenten selbsttragenden Aufschwung können wir dann noch hoffen?

Oder ist diese Frage schon überholt? Zieht die Konjunktur bereits wieder an? Der Bericht des Bundesarbeitsamtes vom Ende Juni 2010 könnte so verstanden werden. Es heißt dort: >>Die Arbeitslosigkeit ist im Juni im Zuge der Frühjahrsbelebung und aufgrund der wirtschaftlichen Erholung weiter zurückgegangen. Die Arbeitslosigkeit sank im Juni um 88.000 auf 3,153 Millionen. „Die gute Arbeitsmarktentwicklung der letzten Monate hat sich auch im Juni fortgesetzt. Die wesentlichen Indikatoren haben sich erneut verbessert.“, sagte Frank-J. Weise, Vorstandsvorsitzender der Bundesagentur für Arbeit (BA), heute in Nürnberg anlässlich der monatlichen Pressekonferenz.

Arbeitslosenzahl im Juni: -88.000 auf 3.153.000
Arbeitslosenzahl im Vorjahresvergleich: -257.000
Arbeitslosenquote im Juni: -0,2 Prozentpunkte auf 7,5 Prozent

Die Lage am Arbeitsmarkt hat sich infolge der wirtschaftlichen Erholung weiter verbessert. Saisonbereinigt errechnet sich für den Juni eine Abnahme der Arbeitslosigkeit um 21.000. Im Vergleich zum Vorjahr gab es im Juni 257.000 Arbeitslose weniger. Auch die Unterbeschäftigung (ohne Kurzarbeit), die die gesamte Entlastung durch Arbeitsmarktpolitik umfasst, liegt unter Vorjahresniveau. Im Vergleich mit der Zeit vor der Wirtschaftskrise haben Arbeitslosigkeit und Unterbeschäftigung zwar zugenommen, der Anstieg ist aber erheblich geringer als angesichts der wirtschaftlichen Rahmenbedingungen erwartet wurde.

Erwerbstätigkeit und sozialversicherungspflichtige Beschäftigung haben in saisonbereinigter Rechnung zuletzt zugenommen. Nach Angaben des Statistischen Bundesamtes ist die Zahl der Erwerbstätigen im Mai saisonbereinigt um 38.000 gestiegen. Die sozialversicherungspflichtige Beschäftigung hat im April saisonbereinigt sogar um 62.000 zugenommen (vorläufige Daten).<<[22]

Der Spiegel schreibt: >>Als im Gefolge der Lehman-Pleite im Herbst 2008 die Aufträge in den Kernbereichen der deutschen Industrie um 40 Prozent und mehr einbrachen, wurde schon eine nahende Massenarbeitslosigkeit prognostiziert. Monat um Monat musste der Eintritt des Horrorszenarios verschoben wer-

22 Bundesarbeitsagentur: Presse Info 038 vom 30.06.2010.

den, weil die Arbeitslosigkeit allenfalls marginal stieg. Milliarden für die Kurzarbeit halfen als Puffer. Nun erholt sich der Arbeitsmarkt mit ungeahnter Kraft.

Im Juni dieses Jahres waren 3,15 Millionen Menschen arbeitslos, gut eine Viertelmillion weniger als vor einem Jahr. Es ist der niedrigste Stand seit Dezember 2008. In Ostdeutschland ist die Aufwärtsdynamik besonders stark. Mit 977 000 Arbeitslosen im Juni wurde der niedrigste Wert überhaupt seit 19 Jahren erreicht.

Die Lage sei "deutlich günstiger als angesichts der wirtschaftlichen Rahmenbedingungen erwartet", stellt die Bundesagentur für Arbeit fest. Und alle Indikatoren sprechen dafür, dass bereits in den kommenden Monaten die Arbeitslosenzahl erstmals wieder unter die Drei-Millionen-Grenze fallen könnte.<<[23]

>>Die Konjunkturexperten blicken immer zuversichtlicher in die nahe Zukunft. Kürzlich hob das Institut für Weltwirtschaft (IfW) seine Vorausschau für dieses Jahr deutlich an. Die Wissenschaftler aus Kiel rechnen derzeit für 2010 mit einem Wachstum von 2,1 Prozent. Eine ähnliche Größenordnung erwartet auch das Rheinisch-Westfälische Institut für Wirtschaftsforschung (RWI) aus Essen. Der Deutsche Industrie- und Handelskammertag (DIHK) geht sogar von 2,3 Prozent Wachstum aus. Der Optimismus erfasst auch die Konjunkturexperten der Bundesregierung, die in ihrer letzten Prognose aus dem April noch mit einem Plus von 1,4 Prozent rechneten. Auch wenn sie ihre Berechnungen nicht laufend aktualisieren, ahnen sie dennoch, dass ihre Schätzung überholt ist. "Alles läuft auf eine Größenordnung von zwei Prozent hinaus, vielleicht sogar etwas darüber", sagt einer dieser Regierungsexperten.

Die Fachleute sind selbst erstaunt, wie gut die deutsche Wirtschaft wieder Tritt fasst. Noch vor einigen Monaten hieß es, Deutschland werde auf Jahre hinaus anderen Ländern hinterherhinken, weil es unter seiner einseitigen Ausrichtung auf die Exportindustrie zu leiden habe, wenn andere Länder wegen der Krise weniger importieren.<<[24] Kann man also davon ausgehen, dass die Krise überwunden ist?

23 Der Spiegel: *Welt im Stresstest*, Heft 27/2010 vom 05.07.2010, S. 71f.

24 Der Spiegel: a. O., S. 70f.

Dagegen sprechen:

1. die Unsicherheit auf dem Kapitalmarkt.

Der Spiegel meldet dazu folgende Krisensignale:

>> Wirtschaftsdaten, Veränderung gegenüber Jahresanfang

Goldpreis	Wertentwicklung der Welt-Aktienmärkte	Wertverlust des Euro gegenüber dem Dollar	Rendite zehnjähriger deutscher Bundesanleihen
+13 %	-9 %	-15 %	-24 %

<<[25]

Hinzu kommt die große Unsicherheit auf dem Kapitalmarkt und der Banken untereinander. >>Nichts spiegelt diese Unsicherheit so minutengenau wider wie das Auf und Ab der Märkte und ihrer Indizes. Die Risikoprämien für Staatsanleihen von Griechenland und Spanien steigen, obwohl sich doch der Euro-Verbund verpflichtet hat, die Finanzierung angeschlagener Mitgliedsländer zu sichern.

Die Aktienbörsen schalten oftmals binnen weniger Stunden von Depression auf Optimismus um - und wieder zurück. Jede nicht ganz so positive Nachricht aus den USA oder aus China wird als Indiz dafür gewertet, dass ein neuer Rückschlag droht und die überraschend schnelle Erholung der Weltwirtschaft nicht von Dauer sein wird.<< [26]

Gründe dafür sind das weltweit enorme spekulativ vagabundierende Kapital und die Unsicherheit über die Entwicklung der Bewertung der Staatsanleihen der verschiedenen Länder. Da die Banken sich mit Staatspapieren auch von Ländern eingedeckt haben, die als nahe der Zahlungsunfähigkeit eingestuft werden oder eingestuft werden können, drohen den Banken auch selbst wieder zusätzlich zu den Schrottimmobilien riesige Verluste. Das behindert auch den Zahlungsverkehr zwischen den Banken, weil die Banken nicht wissen, wie viele abwertungsgefährdete Staatspapiere die Partnerbanken haben und wie gefährdet diese dadurch selbst sind.

25 Der Spiegel a. O., S. 71.
26 Der Spiegel, S. 70.

2. Die unterschiedlichen Wachstumsraten einzelner Länder und ihre Auswirkungen auf andere Länder.

In China, Indien, Brasilien und anderen Schwellenländern kann die Wirtschaft noch enorm wachsen. Davon profitiert auch die leistungsfähige Maschinen- und Anlagenindustrie in Deutschland. Aber das belebt nur die industrielle Exportwirtschaft.

Soweit die exportbelebende Konjunktur aus den Schwellenländern von dortigen Konjunkturprogrammen finanziert wird, kann sie natürlich bei Auslaufen dieser Programme wieder zusammenbrechen. Ferner wird die Konjunktur in den Schwellenländern getragen von Exportüberschüssen in die USA, wodurch die schon extrem hohe Verschuldung Amerikas weiter erhöht wird.

Um diese Verschulung einzuschränken, steht China unter dem enormen Druck der übrigen Welt, seine Währung aufzuwerten. Wenn es diesem Druck folgt, kann das seine Exportmöglichkeiten bremsen und entsprechend Rückwirkungen auf die Anlagen- und Maschineneinkäufe aus Deutschland und Japan haben.

Die Exportkonjunktur wird auch durch den niedrigen Eurokurs gefördert, der wiederum ausgelöst wird durch die drohende Zahlungsunfähigkeit weniger industrialisierter europäischer Länder. Das heißt: Die Exportkonjunktur profitiert von der Zahlungsschwäche der weniger industrialisierten europäischen Länder. Deren außereuropäische Exporte werden zwar auch durch den niedrigen Euro-Kurs angeregt, aber nicht so stark wie die Deutschlands. Sie leiden daher stärker unter den durch den niedrigen Eurokurs erhöhten Importpreisen, insbesondere für Energie.

Nun ist der niedrige Eurokurs auch nur eine spekulative Erscheinung. Die Spekulanten können sehr schnell ihren Blick auf den noch weit kränkelnderen Dollar werfen und das englische Pfund, so dass der Euro-Kurs wieder steigt. Mit anderen Worten: wegen der allgemeinen Instabilität der Weltwirtschaft kann man über eine allgemeine Wirtschaftsbelebung auch nur *spekulieren*.

Eine isolierte Konjunkturbelebung in Deutschland bewirkt übrigens selbst eine weitere Instabilität der europäischen Wirtschaft. Denn an der Exportbelebung verdienen primär nur die Vermögenden und Spezialisten. Ihre Gewinne werden aber nicht im Inland oder Europa ausgegeben, sondern bestenfalls in Entwicklungsländern investiert, häufig verbunden mit Arbeitsplatzverlagerungen. Ansonsten fließen ihre Ersparnisse aber auf ausländische spekulative Kapitalmärkte. Das belebt wiederum bis auf weiteres die Finanzdienstplätze in den USA, Großbritannien und anderen Finanzzentren. Mittel-und längerfristig werden diese Bankenplätze aber auch nach Singapur, Hongkong und andere asiatische Finanzzentren abwandern.

Abgesehen davon, dass zwar länderspezifische, aber keine umfassenden Konjunkturbelebungen zu erwarten sind, schon gar nicht für die weniger industrialisierten europäischen Länder, werden die Staaten zur Aufrechterhaltung des sozialen und gesellschaftlichen Lebens und Friedens sich weiterhin verschulden müssen, es sei denn, sie belasten die Reichen stärker und die Finanztransaktionen. Davon werden sie aber aus den gleichen Gründen zurückschrecken, wie heute, weil sie befürchten, dass die Banken ihre Geschäftstätigkeit für die Realwirtschaft weiter einschränken und die Reichen in Steueroasen abwandern. Zudem müssen die weniger belasteten Länder solche Länder, die ihre Kreditwürdigkeit verlieren, zusätzlich stützen.

Eine allgemeine Konjunkturbelebung, in der dann alle die angedachten Maßnahmen zur Verhinderung weiterer Krisen in Kraft treten können, ist somit nicht zu erwarten. Vielmehr werden sich die Staaten weiterhin verschulden müssen. Dabei wird Deutschland über seine Schuldenbremse stolpern, da es dummerweise eine wirtschaftliche Belebung bis zum Inkrafttreten der Schuldenbremse ab 2013 schon eingeplant hat.

Wann kommt die von Politikern und vielen Wirtschaftswissenschaftlern erwartete Inflation?

Als Folge der Welt weltweit wachsenden Staatsverschuldung, die während der gegenwärtigen Krise noch enorm ausgeweitet wurde, erwarten viele Wirtschaftswissenschaftler und in ihrem Schlepptau argumentierende Politiker Inflationen. Manche sehen darin auch eine Lösung der Staatsverschuldung, weil sich diese im Zuge von Inflationen zugleich entwertet.

Gleichsam als Beweis für diese These wird auf die insbesondere in Deutschland leidvollen Erfahrungen während der Inflation nach dem Ersten und Zweiten Weltkrieg verwiesen, in denen Kleinsparer und die Mittelschicht ihr Geldvermögen verloren haben. Unternehmer und andere Besitzer von Vermögen waren davon weniger betroffen. Als weiteres Beispiel gelten Entwicklungsländer, in denen die Staaten per Notenpresse fehlendes Geld für Staatsausgaben drucken und dadurch inflationäre Preisentwicklungen auslösen.

Die Inflationserwartungen sind aber für die gegenwärtige Situation in den Industrieländern nicht zwingend, und zwar aus folgenden Gründen:

1. die volkswirtschaftliche Nachfrage erhöht sich nicht,
2. die Geldmenge ist eher in Gefahr sich zu stark zu verringern und
3. Inflationen entstehen nur, wenn die Geldmenge in den Händen von Verbrauchern steigt.

Zu 1. Die Geldmenge erhöht sich nicht

Wenn der Staat auf dem Kapitalmarkt, d. h. von Privaten, Anleihen aufnimmt, dann verringert sich insoweit die Verwendung der für die Anleihen aufgewandten Ersparnisse für andere Ausgaben. Der Staat kauft nur anstelle von Privaten. Das Verhältnis von Angebot und Nachfrage auf dem Gütermarkt ändert sich dadurch nicht. Bei tendenziellen Wirtschaftstagnationen wird vielmehr dadurch, dass der Staat den Privaten ihre Kaufkraft abnimmt und selbst ausgibt, sogar verhindert, dass die Wirtschaft wegen Nachfragerückgang weiter in eine Depression getrieben wird. Inflationsgefahr bestünde nur, wenn der Staat in Boomzeiten, d. h. Zeiten großer privater Konsum- und Investitionsnachfrage, zusätzlich seine Staatsausgaben über Geldschöpfung erhöhen würde. Das ist aber in der gegenwärtigen Krise nicht der Fall.

Bis in die achtziger Jahre konnten die Gewerkschaften noch stärker Lohnerhöhungen durchsetzen, die dann von den Unternehmern auf die Preise weitergewälzt wurden. Die dadurch bedingte schleichende Inflation ging aber einher mit einer wirtschaftlichen Stagnation und zunehmender Arbeitslosigkeit. Die wirtschaftliche Entwicklung wurde deshalb *Stagflation* genannt. Wie dem wirtschaftspolitisch begegnet werden sollte, behandelte ich in dem Buch *Arbeitslosigkeit unser Schicksal? Wirtschaftspolitik in der Stagflation* [27].

Die inflationären Erscheinungen schwanden aber, nachdem durch die Wirtschaftspolitik Ronald Reagans in den USA und Margret Thatchers in Großbritannien sowie die zunehmenden Produktionsverlagerungsmöglichkeiten in Billiglohnländer die Macht der Gewerkschaften erlahmte und die Wirtschaft *finanzialisiert* wurde.

Zu 2. Die Geldmenge ist eher in Gefahr, sich zu stark zu verringern, so dass es keine Gründe für Inflationsgefahren gibt.

Die Menge des umlaufenden Geldes ist von zwei Bedingungen abhängig:

a) Geldschöpfung ist gleichbedeutend mit Kreditschöpfung, setzt somit die Bereitschaft Privater oder der öffentlichen Hand voraus, Kredite aufzunehmen, d. h. sich zu verschulden. Bei gedämpfter wirtschaftlicher Entwicklung geht somit der Kreditbedarf von Unternehmen und Konsumenten zurück, kann der Kreditbedarf sogar dramatisch fallen. Entsprechend verringert sich dann auch die Kreditschöpfung (Geldmenge). Hinzu kommt:

b) Die Banken sind in ihrer Geldschöpfungsmöglichkeit abhängig von ihrem Eigenkapital. An Buchgeld kann ein Vielfaches des Eigenkapitals geschaffen werden.

Während der Immobilienkrise ist das Eigenkapital der Banken aufgrund der riesigen Verluste stark geschrumpft, so dass die Banken weit weniger Buchgeld schöpfen können als zuvor. Die Flutung des Geldmarktes durch günstige Refinanzierungsmöglichkeiten bei den Zentralbanken soll deswegen die wegfallende Geldmenge erst ausgleichen und so auch private Nachfrage anregen. Die effektive umlaufende Geldmenge, d. h. Notenbankgeld plus Buchgeld muss sich dadurch nicht erhöhen.

---

27 Petersen (1985)

c) Inflationen entstehen nur, wenn die Geldmenge in den Händen von Privaten steigt. Das heißt, wenn die Geldmenge steigt, muss gefragt werden, „Wer erhält das Geld"?

Betrachten wir beispielsweise nur die Ausweitung der Notenbankgeldmenge, wie sie offensichtlich den Inflationsbefürchtern vorschwebt. Um die Wirtschaft ausreichend mit Liquidität zu versorgen, damit sie Transaktionen der Realwirtschaft abwickeln und Investitionskapital vermitteln kann, ermöglichten in der gegenwärtigem Krise die Zentralbanken den Geschäftsbanken Währungskredite zu einem Zinssatz von nahezu 0 %.

Wie die Erfahrung zeigt, nutzen die Geschäftsbanken diese Refinanzierungsmöglichkeiten aber kaum zum Weiterreichen an Unternehmen oder gar Konsumenten. Dazu ist in der Krise die Kreditwürdigkeit der Unternehmen häufig noch zu gering. Entscheidender aber ist, dass die Banken auf dem Kapitalmarkt weit höhere Renditen erzielen können, als wenn sie Kredite an Geschäftskunden oder Konsumenten geben. Das geschaffene Notenbankgeld kommt deswegen gar nicht in die Hände der Unternehmer und schon gar nicht in die der Konsumenten, sondern beflügelt auf dem Kapitalmarkt nur die Spekulationen und Kurssteigerungen, die nicht als Inflation gewertet werden.

Eine andere Möglichkeit, den Geldmarkt zu fluten, sind der Ankauf von Anleihen, im Extremfall auch solche von Staaten. Zur Stützung des Euro haben die europäischen Länder dafür einen Finanzrahmen von 750 Mrd. € bereitgestellt, um gegebenenfalls Staatspapiere Griechenlands, Portugals und Spaniens aufkaufen zu können.

Dieser Fall kann als staatliches Gelddrucken verstanden werden, weil dabei, was eigentlich den Prinzipien der Notenbankpolitik zuwiderläuft, auch Staatsschulden finanziert werden, für die dann die Staatengemeinschaft bürgen muss. Diese Geldschöpfungsakte unterscheiden sich formal kaum von den Geldschöpfungsmaßnahmen zu Zeiten von Hjalmar Schacht zur Ankurbelung der deutschen Wirtschaft nach der Weltwirtschaftskrise von 1929, aber auch der Rüstungs- und Kriegsfinanzierung.

Während die Gelder damals aber über realwirtschaftliche Staatsausgaben direkt in die Hände von Unternehmern und über sie von Lohnempfängern landeten, fließen sie heute in die Hände von Finanzdienstleistern, die wegen zu geringer realwirtschaftlicher Investitionsmöglichkeiten, insbesondere während der gegenwärtigen Krise, die Gelder nur auf dem Kapitalmarkt werfen können. Sie dienen somit auch vorwiegend spekulativen Kapitalmarkttransaktionen, bewirken somit direkt auf dem realwirtschaftlichen Markt kaum zusätzliche Nachfrage.

Die Inflationsbeschwörer werden also noch lange auf die erwartete Inflation warten müssen. Wenn die Konjunktur wieder anspringen und auch die Realwirtschaft in Industrieländern wachsen sollte, könnten die Zentralbanken die aufgekauften Papiere wieder verkaufen. Allerdings insoweit notleidende Staatspapiere dann nur mit einem Disagio verkauft werden könnten, müsste die Staatsgemeinschaft die Verluste tragen. Praktisch heißt das, dass die übrigen europäischen Länder für die Schulden aufkommen müssten, die Griechenland und möglicherweise andere nicht bedienen können.

Schuldbeziehungen als Ausdruck von Ungleichgewichten in der Wirtschaftsentwicklung

Voraussetzung für ein effektives und harmonisches Wirtschaftsleben sind gleichgewichtige Beziehungen zwischen den Wirtschaftspartnern.

Die dazu notwendigen Gleichgewichte wurden insbesondere im Zuge der kapitalistischen Wirtschaftsentwicklung zunehmend gestört beziehungsweise es entwickelten sich Beziehungen zwischen Ländern unterschiedlicher Kultur und Wirtschaftsentwicklung. Maßgebend für die Beurteilung der gegenwärtigen wirtschaftlichen Krise ist die Entwicklung folgender Schuldbeziehungen:

1. Schuldbeziehungen innerhalb einer Volkswirtschaft
2. Schuldbeziehungen zwischen verschiedenen Ländern

1. Schuldbeziehungen innerhalb einer Volkswirtschaft

Eine Wirtschaft ist nur dann im Gleichgewicht, wenn das, was produziert und als Dienstleistung angeboten wird, auch gekauft wird und die Wirtschaftspartner einander entsprechen. Dieses Gleichgewicht ist aber in unserer modernen kapitalistischen Wirtschaft dann gestört, wenn volkswirtschaftliche Ersparnisse nicht investiert werden. Für die Ersparnisse der einzelnen Wirtschaftspartner gilt das nicht unbedingt. Sie könnten ihre Ersparnisse auch anderen ausleihen, die an ihrer Stelle dann konsumieren.

Allerdings erhöht sich dadurch der Verschuldungsgrad einer Wirtschaft. Die Verschulung würde erst dann wieder verschwinden, wenn die Konsumenten weniger als ihrem Einkommen entsprechend kaufen und in Höhe ihrer Einsparungen ihre Schulden zurückzahlen und die Gläubiger dann entsprechend mehr als ihre Einkommen konsumieren oder investieren. Tun sie das nicht, dann haben wir insoweit einen Nachfrageausfall auf dem Markt mit depressiven Auswirkungen.

Zwar ist nicht zu erwarten, dass alle diejenigen, die Ersparnisse Investoren zur Verfügung gestellt haben, diese auch zurück haben wollen, um die Mittel zusätzlich zu konsumieren. Wohl aber könnten sie bei wirtschaftlichem Niedergang einen Wertverlust der Anlagen befürchten und ihre Anlagen soweit wie möglich zurückrufen, um sie in liquider Form zu halten.

Wurde das Geld in Aktien angelegt, sind die Aktionäre Miteigentümer der Unternehmen und haben sie infolgedessen auch den Wertverlust der Aktien bei Kursrückgängen zu tragen, es sei denn sie verkaufen ihre Aktien bei drohenden Kursverlusten rechtzeitig.

Soweit Anlagen aus eigenen Mitteln bezahlt wurden, tangiert ein Kursverlust die Wirtschaft nur insofern, als die Aktienkäufer zurückhaltender sind und sie nicht bereits wieder auf Kurssteigerungen spekulieren. Problematischer ist es für Anleger, die ihre Anlagen mit Krediten finanziert haben und die Kredite bei Kursverlusten nicht mehr zurückzahlen können. Insoweit kann es dann Konkurse geben und schlagen die Verluste letztlich auch auf die Kreditgeber durch.

Zunehmendes Anlage suchendes Kapital hat nun auch die Fantasie der Finanzdienstleister beflügelt, die aus Krediten vielfältige Derivate produziert und häufig mehrfach weiterverkauft haben. Dadurch sind die Schuldbeziehungen zwischen den Wirtschaftspartnern so unübersichtlich geworden, dass der Kredit- und Zahlungsverkehr zusätzlich belastet wird. Die Wirtschaftspartner - und das betrifft insbesondere die Banken - können die Bonität ihrer Wirtschaftspartner nicht mehr einschätzen. So kommt es immer wieder zu Stockungen im Interbankenzahlungsverkehr.

Das Grundproblem der innerwirtschaftlichen Verschuldung ist natürlich, dass die einen mehr und die anderen weniger, als sie selbst verdienen, ausgeben. Ganz "Schlaue" fordern deswegen, dass Wirtschaftspartner nur so viel ausgeben sollen, wie sie verdienen. Diese Forderung kann aber nur dann das wirtschaftliche Gleichgewicht nicht stören, wenn gleichzeitig gefordert wird, dass die Gläubiger ihr überschüssiges Geld auch selbst ausgeben. Sofern diese Forderung nicht auch erhoben und realisiert wird, kommt es bei Zurückhaltung bei der Verschuldung auf den Märkten zu Nachfrageausfällen und entstehen wirtschaftliche Depressionen. Das heißt: um des Marktgleichgewichtes willen, tun die Schuldner sogar etwas Gutes, wenn sie sich verschulden.

Solange das Problem der ungleichen Vermögens- und Einkommensverteilung nicht gelöst wird, mag die Wirtschaft für die Vermögenden noch genügend abwerfen. Die Masse der Wirtschaftspartner verarmt aber beziehungsweise wird aus dem Wirtschaftsprozess ausgeschieden.

Als Ventil dazu, dass die Vermögenden durch eigene Kaufzurückhaltung nicht auch selbst getroffen werden - und dadurch natürlich auch die übrigen Wirtschaftsteilnehmer der Volkswirtschaft -, dient der *Kapitalexport*. Die Ersparnisse werden dann nicht im Inland, sondern im Ausland ausgegeben. Im Zweifel werden die Ersparnisse durch Spekulationen und für Finanzdienstleistungen verbrannt. Das mag für die Vermögenden ärgerlich sein, berührt ihren Lebensstandard aber nicht, denn Kapitalmarkttransaktionen sind für sie letztlich nur Spiele.

Den Volkswirtschaften, in denen die Einkommen generiert wurden, kommen diese Ausgaben und die dadurch generierten Einkommen nicht zugute. Davon profitieren aber die Finanzdienstleistungszentren: Wall Street, London und andere, in deren Länder dadurch Arbeitsplätze für Finanzdienstleister und darauf bezogen Händler und Dienstleister entstehen, die wiederum den Finanzdienstleistern dienen. Zugleich bilden deren Steuern eine wichtige Einnahme für diese Länder.

Um auch selbst Finanzdienstleister anzuziehen und von deren Steuern zu profitieren, hat sich auch die rot-grüne Koalition unter Gerhard Schröder fatalerweise an dem Wettlauf bei Deregulierungen für Finanzdienstleistungen und Unternehmensübernahmen beteiligt und machten deutsche Unternehmen zum Freiwild von Finanzhaien. Darüber hinaus brachen die Steuereinnahmen ein.

Solange eine Wirtschaft floriert, sind zunehmende Schuldbeziehungen kein Problem und können einzelne Konkurse durch entsprechende Forderungsausfälle meist einigermaßen ausgeglichen werden. Je größer und komplexer die Schuldbeziehungen jedoch werden und zusätzliche Schuldbeziehungen für den Kapitalmarkt aufgebaut werden, umso instabiler wird eine Wirtschaft.

2. Schuldbeziehungen zwischen verschiedenen Ländern

Wenn Volkswirtschaften mit unterschiedlichem Entwicklungsgrad miteinander Wirtschaftsbeziehungen aufnehmen, dann ist unter Gleichgewichtsbedingungen der Handel auf die Menge an Waren beschränkt, die das weniger entwickelte Land verkaufen kann. Wollen die entwickelten Länder mehr absetzen, dann geht das nur durch Kreditgewährungen und entsprechende Verschuldung der weniger entwickelten Länder, es sei denn die Lieferungen werden mit einem Entwicklungszuschuss finanziert.

Die Schulden einzelner Länder können dabei einen Umfang erreichen, dass sie sich vom internationalen Handel abschotten müssen. Dann hilft meist nur noch ein Moratorium oder gar ein Schuldenerlass. Da die Kreditwürdigkeit Privater in den Entwicklungsländern nicht hoch ist, sind es meist die Staaten selbst, die Kredite für Infrastrukturinvestitionen, Militärausgaben, eine meist ausufernde Bürokratie oder auch den Lebensunterhalt ihrer Führungskräfte aufnehmen.

Da Entwicklungsländer so gut wie keine Kredite von Privaten erhalten ist auch der Verlust der Privaten durch Überschuldung von Entwicklungsländern gering.

Anders ist es, wenn Staaten entwickelter Länder sich verschulden. Wenn an deren Rückzahlungsfähigkeit gezweifelt wird, können die Länder in den Staatsbankrott getrieben werden. Dabei empfiehlt es sich meist, dass diese Länder den Staatsbankrott dann auch erklären und die Gläubiger zu einem ausreichenden Forderungsverzicht bewegen. Danach ist die Kreditwürdigkeit der Länder meist wieder gegeben.

Ein Sonderfall sind Weltmächte, wie die USA. Amerika kann sich über Jahrzehnte eine steigende Staatsverschuldung leisten, ohne dass jemand befürchtet hat, dass die USA zahlungsunfähig werden. Im Zweifel kann die Regierung sich sogar bei der amerikanischen Zentralbank refinanzieren, eine Möglichkeit, die neuerdings auch die Europäische Zahlungsbank für notleidende europäische Länder eröffnet hat. Dennoch bewirkt jede zusätzliche Verschuldung eine zusätzliche Destabilisierung der Wirtschaft.

3. Ungleichgewichte in den Währungsbeziehungen der Länder untereinander

Unter marktwirtschaftlichen Gesichtspunkten sollten die Währungskurse der einzelnen Länder eigentlich deren Kaufkraftparitäten spiegeln und ausgleichen, weil nach der marktwirtschaftlichen Theorie sonst billigere Waren aus einem Land so lange in das andere verkauft würden, bis die Kaufkraftparität hergestellt ist.

Einkalkulieren muss man allerdings dabei auch die Transportwege- und Vertriebskosten, nach denen es sich nicht lohnt, alle Waren in andere Länder zu verkaufen, so dass die so genannten Kaufkraftparitäten sich nur auf die üblicherweise gehandelten Waren beziehen.

Hinzu kommt, dass mächtige Lieferanten unterschiedliche Märkte zu unterschiedlichen Bedingungen beliefern, man denke insbesondere an Kraftfahrzeuge und Pharmazeutika, und dass sich in einzelnen Ländern bestimmte Preisstrukturen zwischen verschiedenen Waren eingependelt haben, an die die Käufer gewöhnt sind, die den Wettbewerb berücksichtigen und deswegen nur mit Gewinneinbußen für die Lieferanten verändert werden können. Diese Strukturen sind im allgemeinen so stark, dass die Kurse der Währungen und entsprechend Preise der in unterschiedlichen Ländern gehandelten Güter weit auseinandergehen können.

Maßgeblich wird der Währungskurs auch von den Kapitalmarkttransaktionen beeinflusst. Ein starker Kapitalmarktfluss zu den Finanzzentren, wie die USA und Großbritannien, kann den Kurs des Dollar beziehungsweise des Pfundes hochtreiben. Mögliche exportierbare Waren können dadurch so verteuert werden, dass ein Export unterbleibt. Andererseits können die inländischen Preise weit niedriger sein, als zum Beispiel in Deutschland. Touristen können sich dann bei niedrigem Dollarkurs in den USA billig eindecken.

Wegen der spekulativen Kapitalbewegungen spiegeln die Währungskurse zueinander nur bedingt die Stärke oder potentielle Stärke einer Volkswirtschaft. Sie ermöglichen dass die Amerikaner verbilligt im Rahmen der Kapitalimporte aus dem Ausland einkaufen können, sich dem Ausland gegenüber jedoch immer weiter verschulden, beziehungsweise das Ausland als Gegenwert sich häufig in amerikanische Firmen und Immobilien einkauft.

Den ständigen Leistungsbilanzdefiziten in den USA stehen entsprechende Forderungen, insbesondere von China und Japan, gegenüber, die nur deswegen nicht eingelöst und damit der Kurs des Dollar in den Keller getrieben wird, weil China und Japan dadurch ihre Exportmöglichkeiten in die USA zerstören würden. Dennoch ist das amerikanische Außenhandelsbilanzdefizit eine ständige Gefahr für die Weltwirtschaft.

Ebenso dürfte der derzeitige Eurokurs nicht die wahre Handelsposition Europas gegenüber der Welt widerspiegeln. Wenn Länder wie Griechenland, Portugal und Spanien bezüglich ihrer Staatsverschuldung zahlungsunfähig werden so hat das mit den Handelsrelationen eigentlich nichts zu tun. Dass spekulative Manöver von *Finanzhaien,* Währungsrelationen und Handelsströme stören können, zeigt, wie instabil die Weltwirtschaft heute ist. Sie können dies nur tun weil es so viele Schuldbeziehungen in der Welt gibt, die gehandelt und auf die gewettet werden kann. Diese Schuldbeziehungen sind großenteils solche des Kapitalmarktes, auf dem sich zu viel vagabundierendes Kapital tummelt, das von seinen Eignern eigentlich nicht gebraucht wird. So werden an den Devisenmärkten >>geschätzte 4,1 Billionen Dollar pro Tag rund um den Globus katapultiert, das ist fast eine Billion mehr als 2007. Mit den Umsätzen sind auch die Schwankungen erheblich gestiegen. Achterbahnfahrten mit zehnprozentigem Auf und Ab sind keine Seltenheit mehr.<<[28]

28 Veronika Csizi: *Die Luft wird dünner. Der Euro Hat sich erholt, doch Anleger sollten ihm nicht zu viel trauen*. Der Tagesspiegel, S. 19.

Das Janus-Gesicht zunehmender wirtschaftlicher Verschuldung

Geld ist ein Anspruch auf wirtschaftliche Güter, zugleich aber ein Schuldschein einer Notenbank, die dafür Gold oder Wertpapiere entgegengenommen hat. Die aufgenommenen Papiere sind ihrerseits Eigentumstitel auf Wirtschaftsgüter, bedingen also eine entsprechende Verschuldung anderer Wirtschaftspartner. Schulden ermöglichen als Geld somit den wirtschaftlichen Zahlungsverkehr und destabilisieren andererseits die Wirtschaft.

1. Geld als Zahlungsmittel

Da Gold nur einen Bruchteil des umlaufenden Geldes deckt, basiert eine Geldwirtschaft primär auf der Verschuldungsbereitschaft der Wirtschaftspartner untereinander, soweit mit Wechseln gezahlt wird, insbesondere aber gegenüber den Banken, die Notenbankgeld oder Sichtguthaben (Buchgeld) entsprechend der Kreditwürdigkeit der Kunden und darüber hinaus gegen verpfändete Sicherheiten zur Verfügung stellen.

Je höher die monetisierbare Verschuldung einer Wirtschaft ist, umso höher ist auch ihre Liquidität. Besonders beliebt zur Stützung der Liquiditätsreserven sind Staatspapiere, die im Allgemeinen als wertbeständig gelten und jederzeit gegen Bar- oder Buchgeld eingetauscht werden können.

2. Destabilisierung der Wirtschaft durch Verschuldungszunahme

Wer Schulden aufnimmt, muss sie zurückzahlen. Seine weiteren Wirtschaftsaktivitäten sind somit belastet mit der Schuldenrückführungsverpflichtung. Für einen Unternehmer, der einen Kredit aufnimmt, um Rohstoffe und Löhne zur Fertigung seiner Güter zu bezahlen, ist das meist kein Problem, weil er die Schulden aus den Erlösen seiner Güter zurückzahlen kann. Letztlich handelt es sich dann nur um einen Dispositionskredit, den er nur insoweit verzinsen muss, als er ihn in Anspruch nimmt.

Ähnlich verhält es sich mit Krediten, die aus Abschreibungen und Gewinnen der Investitionen bedient werden. Investoren können dabei Unternehmer oder auch Aktionäre oder Kapitaleigner in anderer Form sein.

Problematisch wird es jedoch, wenn die Schulden aus irgendeinem Grunde nicht mehr bedient werden können, insbesondere wenn die Konjunkturentwicklung depressiv wird, und auch die zur Verfügung gestellten Sicherheiten im Wert fallen und deswegen für die aufgenommenen Kredite nicht mehr ausreichen. Dann können nicht nur die Unternehmer, sondern auch die Kreditgeber, wenn sie sich ihrerseits verschuldet haben, in Konkurs gehen. Eine Konjunkturkrise wird dadurch verschärft, weil die Zahlungsfähigkeit einbricht, aber zusätzlich auch keine weiteren Kredite gewährt werden, so dass keine Rohstoffe mehr eingekauft und Löhne gezahlt werden können. Besonders problematisch wird es, wenn von den Verlusten auch die Banken stärker getroffen werden und sie wegen einer einzuhaltenden Relation zwischen Kreditgewährung und Eigenkapital ihre Kreditgewährung einschränken müssen.

Wenn man die Volkswirtschaft als Ganzes nimmt, dann gleichen sich die Schulden mit den Forderungen der Gläubiger aus. Soweit somit Verluste gleich auf die letzten Gläubiger durchschlagen, kann die wirtschaftliche Störung sich in Grenzen halten. Je länger aber die Kreditketten sind, umso mehr Menschen werden davon betroffen und je schwieriger vollzieht sich die Saldierung von Verlusten und Forderungen.

Während Spekulationsblasen steigt der Verschuldungsgrad und entsprechend die umlaufende Liquidität überproportional, weil Kredite nicht nur für die Erstellung von Wirtschaftsgütern und Dienstleistungen, sondern auch für spekulative Käufe aufgenommen werden. Entsprechend dramatisch sind dann die Folgen eines konjunkturellen Einbruchs.

Sollen die Staaten sparen, um die öffentlichen Schulden abzubauen?

Angesichts der riesigen, insbesondere zur Dämpfung der globalen Wirtschaftskrise, aufgetürmten öffentlichen Schulden steigt die Notwendigkeit, die weitere Verschuldung zu begrenzen und möglichst zurückzuführen.

Das ist keine konjunkturpolitische Notwendigkeit. Im Gegenteil aus konjunkturpolitischen Gesichtspunkten waren die exzessiven Staatsausgaben sogar erwünscht. Auch geldpolitisch ist ein Schuldenabbau nicht zwingend, denn soweit den Privaten nur ihre Ersparnisse abgenommen, d. h. ihnen für fehlende Investitionsmöglichkeiten Staatspapiere angeboten werden, erhöht sich, wie dargestellt, die Geldmenge nicht. Selbst soweit die Notenbanken Staatspapiere aufkaufen und dadurch die umlaufende Notenbankgeldmenge erhöhen, wirkt diese Geldmengenerhöhung so lange nicht inflationierend, solange sie nur den Kapitalmarkt flutet und nur die Kurse treibt. Zunehmend problematisch wird aber die *Kreditwürdigkeit* der Staaten, insbesondere wenn ihnen die Bedienung der Schulden, wie zum Beispiel Griechenland, nicht mehr zugetraut wird.

Die Staaten kommen somit in das Dilemma, dass sie aus sozialen, infrastrukturellen aber auch konjunkturellen Gründen ihre Ausgaben nicht drosseln dürfen, andererseits aber die Aufnahme begrenzen und möglichst zurückführen müssen. Dieses Dilemma kennen auch die Spekulanten. So ist nicht verwunderlich, dass Spanien kürzlich gerade wegen seiner Sparbeschlüsse in seiner Kreditwürdigkeit herabgestuft wurde mit der Begründung, dass wegen des Sparens die wirtschaftliche Entwicklung abgewürgt wird, so dass die Bedienung der Staatsschulden dadurch eher gefährdet wird. Was ist also zu tun?

Um diese Frage beantworten zu können, muss zunächst geklärt werden, warum die Staaten so hohe Schulden aufgetürmt haben. Da gibt es zum Einen eine unnötige Aufblähung der Bürokratie. Wie sehr eindrucksvoll von Parkinson in seinem so genannten *Parkinsons Gesetz zum Wachstum der Bürokratie*[29] dargestellt, vergrößert sich die Bürokratie, wenn über den Markterfolg keine persönliche Weiterentwicklung möglich ist, unter anderem dadurch, dass Beamte Untergebene anstreben, um in der bürokratischen Hierarchie höher zu steigen. In Län-

29 Parkinson, C. N. (2001)

dern wie Deutschland ist diese Gefahr aber schon länger erkannt und besteht ein großer politischer Druck, Bürokratie zu rationalisieren und unnötige Stellen abzubauen.

Darüber hinaus gibt es nach wie vor europäische Länder, in denen trotz steigenden allgemeinen Lebensstandards und ebenfalls zunehmender Überalterung der Bevölkerung Arbeitnehmer bereits mit 50 oder 60 in Rente gehen und dafür öffentliche Mittel aufgebracht werden. Diese Tendenz wirkt sich allerdings insbesondere in solchen Ländern stärker aus, die in der allgemeinen Industrialisierung zurückgeblieben sind und Schwierigkeiten haben, den Anschluss zu gewinnen.

Auch sollten Klientel bedingte Ungereimtheiten im Steuer- und Subventionssystem ausgemerzt werden. So ist nicht einzusehen, warum in Deutschland beispielsweise Hundefutter mit 7 %, Babynahrung dagegen mit 19 % Mehrwertsteuer belastet wird.

Dennoch dürfte mehr für steigende Staatsausgaben sprechen. Sie werden erzwungen durch die immer komplizierter werdenden Lebensverhältnisse, in Bezug auf Gesundheits-, Ökologie- und Sicherheitsfragen, die einen immer größeren Regelungsbedarf erfordern. Zwar ist die Marktwirtschaft wohl das rationalste System der Güterverteilung. Sie schafft aber auch erhebliche gesellschaftliche Probleme, denen der Staat begegnen muss.

Das Auseinanderklaffen der Einkommensverteilung, die Freisetzung von Arbeitsplätzen aus Rationalisierungen, die Verlagerung von Arbeitsplätzen in Billiglohnländer und die Konzentration der Industrie in Ballungsgebieten erfordern vielseitige sozialpolitische und industriepolitische Maßnahmen, für die die Staaten zunehmend Mittel brauchen.

Hinzu kommen die staatlichen Maßnahmen zur Stützung der wirtschaftlichen Entwicklung und Konjunktur. In dem Maße, in dem die allgemeine Kaufkraft sich in immer weniger Händen konzentriert und die Konsumentenverschuldung der übrigen Bevölkerung an ihre Grenzen stößt, und deshalb die allgemeine Nachfrage stagniert oder gar schrumpft, müssen Staatsausgaben die fehlende Nachfrage kompensieren.

Das tun die Staaten tendenziell steigend bereits seit Ende der Nachkriegserholung. Denn es ist kaum anzunehmen, dass die Gläubiger der Staatsschulden, wenn sie ihre Mittel nicht in Staatspapieren hätten anlegen können, diese alternativ auch noch in der Realwirtschaft investiert hätten. So wäre die Kaufkraft der Gläubiger dann wahrscheinlich schon früher auf den spekulativen Kapitalmarkt geflossen und hätte bereits früher die Wandlung der Kreditinstitute in Börsen und Spielbanken bewirkt.

Wenn die notwendigen Staatsausgaben nicht so weit eingeschränkt werden sollen, dass die gegenwärtige Krise noch verschärft wird, dann bleibt für die Begrenzung und Rückführung der Staatsschulden nur, die Einnahmen zu erhöhen, und zwar, wenn dadurch nicht auch wieder Nachfrage ausfallen soll, von denen, von denen die Staatsschulden aufgenommen wurden, das heißt von den Vermögenden.

Die griechische Schuldenkrise

Die *realwirtschaftliche* Ursache der griechischen Schuldenkrise ist, wie in anderen Ländern auch, das ständig zunehmende Auseinanderklaffen der Einkommens- und Vermögensverteilung, durch die die Kaufkraft bei immer weniger Einkommensbeziehern gebündelt wird.

Soweit diese Einkommensanteile nicht für Konsum und Investitionen ausgegeben werden, müssen Waren unverkauft auf dem Markt bleiben, und als Reaktion darauf schrumpft das volkswirtschaftliche Angebot mit der Folge zusätzlicher Arbeitslosigkeit und wiederum als Folge davon tendenziell fallende oder stagnierende Einkommen.

In Vorformen der gegenwärtigen Krise würde sich die Weltwirtschaft schon seit den siebziger Jahren befinden, würden nicht von Staats wegen Einkommensanteile zugunsten Bedürftiger umgeschichtet und würden sich nicht die Staaten und breiten Massen für eigene Ausgaben zunehmend verschulden, d. h. die Reichen in Höhe ihrer gesparten Einkommensanteile zu *Gläubigern* werden

Natürlich kann in Spekulationsphasen, wie in der *dotcom*- und der *Immobilienspekulation,* die laufende Nettoverschuldung niedriger ausfallen oder sogar teilweise zurückgeführt werden.

Durch staatliche und private Schuldenaufnahmen kann der wirtschaftliche Schrumpfungsprozess zwar gedämpft werden, allerdings zulasten von zunehmenden Schuldbeziehungen, durch die die Wirtschaft immer labiler wird und notwendigerweise irgendwann zusammenbrechen muss.

Verständlich, dass Finanzkrisen insbesondere in solchen Staaten beginnen, die wirtschaftlich schwach und schon relativ hoch verschuldet sind.

Sicherlich haben die Griechen über ihre Verhältnisse gelebt, und zwar mehr als andere Länder. Im Grunde leben aber alle Menschen, die sich verschulden, wenn es nicht für realwirtschaftliche Investitionen geschieht, aus deren Erträgen eine Verzinsung und die Rückzahlung beglichen werden können, über ihre Verhältnisse. So auch alle anderen Länder, die zum Teil weit höhere Schulden aufgetürmt haben, als Griechenland.

Ein extremes Beispiel sind die *Vereinigten Staaten von Amerika*, die seit Jahrzehnten immer mehr importieren als exportierten und sich insoweit verschulden. Aber gegen die USA zu spekulieren, kann man allenfalls im Rahmen eines globalen wirtschaftlichen Trends. Spekulanten allein können die USA nicht in die Knie zwingen.

Als Lösung der Finanz-und Wirtschaftskrise fordert man einen *Schuldenabbau*. Aber wie soll der sich vollziehen?

Man würde dadurch die Nachfrage der Schuldner entsprechend verringern. Aber was sollen die Gläubiger mit den Rückzahlungen machen. Sie brauchen das Geld doch nicht. Deswegen haben sie es doch verliehen. Ihnen bleibt somit nur, neue Schuldner zu suchen und, soweit sie diese nicht finden, schrumpft die Wirtschaft.

Die Gläubiger und ihre Reaktionen auf Schuldenrückzahlungen der öffentlichen Hand oder auch Privater werden in der wirtschaftspolitischen Diskussion schlicht ausgeblendet.

Durch Schuldenabbau aus laufender Wirtschaftstätigkeit können die Ursache für die Wirtschaftskrise weder in Griechenland noch in anderen überschuldeten Ländern gelöst werden. Das müsste auch ohne den Hinweis von Josef Ackermann klar sein.

Die Schulden hätten

- entweder im Rahmen einer geregelten Umschuldung reduziert werden müssen, und zwar auch dann, wenn davon europäische Banken getroffen werden, die von den hohen Zinsen für Griechenland profitieren wollten und deswegen in eine Schieflage gekommen wären, aus der sie wiederum hätten gerettet werden müssen.
- oder die Schulden müssen durch zusätzliche Einnahmen, möglichst von denen, die mit überschüssigen Mitteln spekulieren, abgetragen werden.

Aus *währungspolitischen* Gründen zur Stützung des Euro war es aber richtig, die Auswirkungen einer Zahlungsunfähigkeit Griechenlands und die anderer europäischer Länder aufzufangen und dazu auch in größerem Umfang deren Staatspapiere aufzukaufen. Nur hätte das im Zusammenhang mit einer Umschuldung geschehen müssen, so dass das frische Geld Griechenland einen Neuanfang ermöglicht hätte. Das wäre aber die Aufgabe der *Europäischen Zentralbank* gewesen, nicht der europäischer Staaten, die für Geldpolitik nicht zuständig sind und dadurch nur ihre eigene Kreditwürdigkeit weiter gefährden.

Die dadurch steigende Geldmenge dürfte in der gegenwärtigen Krise unproblematisch sein, und zwar entgegen weit verbreiteter Ansichten - leider auch von Wirtschaftswissenschaftlern -, die Geldmenge mit realwirtschaftlicher Nachfrage gleichsetzen, so dass bei einer Geldmengenerhöhung zugleich eine Inflation erwartet wird. Dass die Preise trotz weltweiter Geldausweitung stagnieren oder sogar fallen, wird nicht genügend beachtet. Denn Geldmengenerhöhung erhöht die Nachfrage dann nicht, wenn sie nur Spekulanten zugutekommt und/oder Staaten, soweit Staaten durch ihre Ausgaben fehlende private Nachfrage ausgleichen.

Wenn die EZB in dem Maße, in dem sie den Geschäftsbanken gefährdete Staatspapiere abnimmt, auch deren billige Refinanzierungsmöglichkeiten reduziert, bräuchte die Geldmenge auch nicht zu steigen. Im Übrigen dürften den Banken der Kauf der Staatspapiere durch die billigen Refinanzierungsmöglichkeiten auch erst ermöglicht worden sein, so dass diese Papiere ohnehin indirekt bereits der EZB gehörten, die Banken nur von der spekulativen Zinsdifferenz profitierten.

Durch eine entschiedene, den Aufgaben in der gegenwärtigen Krise angepasste Geldpolitik können die *Europäische Zentralbank* und der *Internationale Währungsfonds* den Spekulanten die Angriffsmöglichkeiten auf den Euro nehmen.

Die weltweite Überschuldung der Länder wird dadurch natürlich nicht behoben. Zu deren Lösung müssen, neue Wege gegangen werden, wie ich in meiner Abhandlung *Wirtschaftsethik und Wirtschaftspolitik ...*[30] beschrieben habe. Eine Reduzierung der Staatsausgaben à la Brüning nach 1929 würde die Wirtschaftskrise jedenfalls nur vergrößern.

30 Uwe Petersen (2010a)

Die gespaltene Generation

Wenn Politiker oder Wissenschaftler die Dramatik der öffentlichen Verschuldung unterstreichen wollen, dann argumentieren sie, dass durch zusätzliche Verschuldung künftige Generationen belastet werden.

Bei diesem Argument wird ihnen nicht bewusst, dass sie mit dieser Aussage die Generation spalten in solche, die sich verschulden, und die Gläubiger der Schuldner. Würde man die Gläubiger auch als Teil einer Generation betrachten, dann würden sich Schulden und Schuldforderungen saldieren. Dann gäbe es keine Verschuldung einer Generation, sondern nur innergesellschaftliche Schuldbeziehungen, die sich auf künftige Generationen forterben.

Eine Reduzierung staatlicher Ausgaben zur Rückführung öffentlicher Verschuldung würde dann bedeuten, dass diejenigen, die ihr Geld in Staatspapieren angelegt haben, ihr Geld zurückerhalten. Sie müssen dann notgedrungen ihren Konsum erhöhen oder selbst zu Unternehmern werden oder sich, was das Wahrscheinlichste ist, sich andere Schuldner suchen, die an ihrer Stelle in dem Maße Güter und Dienstleistungen nachfragen, in dem die öffentlichen Haushalte ihre Ausgaben reduziert haben.

Ganz abgesehen davon, dass dadurch die innergesellschaftliche Verschuldung nur umgeschichtet wird, ist auch kaum zu erwarten, dass sich dann plötzlich genügend lukrative Anlagemöglichkeiten finden, die vorher nicht gesehen wurden, oder sich genügend andere Schuldner melden. Soweit die Rückzahlungen nicht ausgegeben werden, muss die Realwirtschaft dann schrumpfen.

Gelöst werden kann das Dilemma nur dadurch, dass die Gläubiger, wie es bei Überschuldungsfällen üblich ist, auf ihre Forderungen in Höhe der Überschuldung verzichten, beziehungsweise als Teil der Schuldnergeneration, die sie neben ihrer Gläubigerfunktion ja auch sind, selbst durch Abgaben die Schulden abtragen.

Was machen die Gläubiger der Staatsschulden, wenn die Staaten ihre Ausgaben reduzieren und den Anlegern somit keine Staatspapiere mehr verkaufen oder sogar bestehende Schulden zurückzahlen?

Kapitalanleger legen einen Teil ihrer Ersparnisse in Staatsanleihen an, und zwar umso mehr, je weniger andere Investitionsmöglichkeiten sich ihnen bieten. Wenn die Staaten ihre Ausgaben reduzieren und den Anlegern somit keine Staatspapiere mehr anbieten oder sogar Schulden zurückzahlen, was machen die Anleger dann mit ihren Ersparnissen und zurückerhaltenen Anleihen? Da sie die Gelder für ihren eigenen Konsum nicht brauchen, müssen sie neue Schuldner suchen.

Gewinn versprechende Innovationen können offenbar das Kapital nicht absorbieren. Dieser Traum wurde in der New-Economy- Spekulation ausgeträumt. Schrottimmobilien haben auch ihren Reiz verloren. Investitionen in Entwicklungsländer sind mit erheblichen Risiken verbunden und für solche, die das nicht sind, liegt bereits genügend Anlagekapital vor. Die Konsumenten sind bereits relativ hoch verschuldet. Es bleibt den Gläubigern somit nur, Liquidität anzuhäufen oder zusätzlich auf dem Kapitalmarkt zu spekulieren.

Beides führt zur weiteren Zerstörung und *Finanzialisierung* der Wirtschaft. In dem Maße, in dem die Staatsausgaben gedrosselt werden und Private das Geld nicht ausgeben, bleiben Waren und Dienstleistungen unverkauft und schrumpft insoweit die Wirtschaft. Und wo statt in Immobilien in Rohstoffen und Währungen spekuliert wird, erhöhen sich die Rohstoffpreise und wird der internationale Zahlungsverkehr gestört.

Wie kann die Überschuldung der Staaten dann aber reduziert werden? Nur dadurch, dass diejenigen belastet werden, die ihr Einkommen für ihren Lebensunterhalt, ihre Altersversorgung und Realinvestitionen nicht brauchen, das heißt im weitesten Sinne die reichen Gläubiger der Staatsschulden, die im Falle von Konkursen ohnehin ihre Forderungen verlieren würden.

Wie Unternehmenskultur zur *Shareholder Value Mentalität* degenerierte und Kapitalisten zu *Heuschrecken* wurden

In der Wirtschaft werden Güter und Dienstleistungen produziert, um den Lebensunterhalt sicherzustellen und Bedürfnisse zu befriedigen. *Konsumieren* kann ein Einzelner zwar allein, obwohl es in Gemeinschaft mehr Freude macht, *produzieren* kann man aber nur arbeitsteilig in Gemeinschaft mit anderen Menschen. Dabei ist die Produktivität umso größer, je arbeitsteiliger gearbeitet wird

In Gesellschaften mit traditionellen Produktionsmethoden hat jeder gelernt, was er zu tun hat. Als Ideal könnte man ein Bienenvolk nehmen. Die jeweilige Aufgabe einer einzelnen Biene ergibt sich aus ihrem Alter. Jede Biene wird nacheinander Wachs- und Wabenproduzentin, Brutpflegerin, Wächterin und Honigsammlerin. Sie weiß zum Beispiel, wie man exakte 6-eckige Waben aus ihrer jeweiligen Stelle heraus instinktiv mit anderen zusammen produziert. Das gilt auch für die Eier legende Königin. Einer besonderen Leitung bedarf es in einem Bienenvolk nicht.

Je mehr der Instinkt beim Menschen verkommt zugunsten intellektueller Planung und, weil wegen zunehmender Arbeitsteilung von Einzelnen nicht mehr überblickt werden kann, was er zu tun hat, umso mehr bedarf es zusätzlich einer mehr oder weniger hierarchischen Führung. Aber auch Führung ist traditionellerweise auf die Zusammenarbeit und das Gesamtwohl ausgerichtet. Je mehr die Menschen einander verstehen und die jeweiligen Stärken und Schwächen kennen, umso leistungsfähiger sind sie.

Zugleich war in früheren Gesellschaftsformen sichergestellt, dass nur so viel produziert wurde, wie gebraucht wurde. Wenn genügend Vorräte angelegt waren, schwand die Notwendigkeit der Arbeit. In Entwicklungsländern findet man auch heute noch, dass Arbeitnehmer ihre Arbeit unterbrechen, wenn sie für ihren überschaubaren Lebensaufwand genügend verdient haben.

Allerdings waren Produktion und Konsum auf die jeweiligen Wirtschaftsgemeinschaften bezogen. Mit anderen Gesellschaften konnten Güter nur getauscht werden, wenn sich dafür kompensatorische Überschüsse ergaben.

Das änderte sich mit der Erfindung des Geldes als allgemein anerkannter Wertträger, der es ermöglichte, alle Güter miteinander vergleichbar zu machen. Man war somit nicht mehr darauf angewiesen, dass die von einem Wirtschaftspartner angebotenen Güter gegen die eigenen Güter getauscht werden konnten. Man verkaufte gegen Geld und kaufte mit dem Geld die Waren, die man selbst brauchte. So setzte sich das Geld zwischen alle Tauschvorgänge.

Um ein Gut kaufen zu können, war es zwar nach wie vor wichtig, dass das Gut einen *Gebrauchswert* hat. Den Verkäufer interessierte aber nur der dafür zu erlösende *Geldwert*. Geld bekam als Machtmittel, für das man alles erwerben konnte, immer mehr Eigenwert. Der Besitz von Geld machte den Besitzer auch unabhängiger von seiner Gemeinschaft, in der er lebte. Das Anhäufen von Geld wurde somit auch ein Mittel, sich zu individualisieren.

Erste Möglichkeiten, viel Geld zu verdienen, bot der Handel. Da die gehandelten Waren weder selbst produziert noch konsumiert wurden, verloren die Händler den emotionalen Bezug zu den Gütern. Für sie waren es nur noch Waren, um Geld zu erlösen. Der Eigenwert der Güter war ihnen gleichgültig.

Eine reine Handelsorientierung kann zu einem unmoralischen schmierigen Verhalten motivieren, dem ist nur darum geht, den Geschäftspartner zu übervorteilen. Aus der Sicht der Produzenten und Konsumenten galten Händler deswegen auch über lange Zeiten als unmoralisch und das Leben vom Mehrwert als schmarotzerhaft.

Langfristige Handelsbeziehungen konnten darum nur dort entstehen, wo Händler an langfristigen Beziehungen zu Geschäftspartnern interessiert waren, d. h. die Interessen der Geschäftspartner achteten. Solche Händler schlossen sich zum Teil zu Ständen zusammen und entwickelten ihre eigene Moral, zum Beispiel die eines so genannten *königlichen Kaufmanns*. Berühmt wurde die *Hanse* als Verbund von Handelsstädten.

Mit der industriellen Revolution wurde der Handel wieder stärker an die Produktion angebunden. Innovationen ermöglichten es, selbst Produkte herzustellen. Das war zunächst nur möglich, wenn sich Unternehmer mit ihrem Werk verbanden und zugleich langfristige Arbeitsorganisationen aufbauten. Sie mussten sich mit ihren Produkten identifizieren und zugleich die Bedürfnisse der Kunden im Auge haben.

Der jeweilige Betrieb war den Unternehmern zwar auch Quelle für einen hohen Lebensstandard, zunächst mussten sie aber häufig ihren persönlichen Konsum einschränken und sich ganz für ihr Werk aufopfern. Das war nur möglich, wenn sie an ihr Werk glaubten und sich in ihrem Werk selbst verwirklichten. Sie gewannen ihr Selbstbewusstsein und ihre Reputation in ihrem Werk.

Zu diesen Werken gehörten auch die Arbeitnehmer, für die sich erfolgreiche Unternehmer auch selbst verantwortlich fühlten. Je mehr sich die Mitarbeiter ebenfalls mit ihrer Arbeitsstelle identifizierten, umso verantwortungsvoller und erfolgreicher arbeiteten sie.

Auch den Aktionären, die über ihre Aktien Miteigentümer der Unternehmen waren, ging es nicht nur um zusätzliche Dividenden. Auch sie identifizierten sich mit ihrem Unternehmen, und zwar insbesondere dann, wenn sie ihre Ersparnisse durch eigene Arbeit erworben hatten und in ihren Aktien gleichsam die *Materialisierung* ihrer eigenen Ersparnisse erlebten.

Diese Bindung an eigene Aktien löste sich in dem Maße, in dem die Vermögen stiegen und entsprechend sich die emotionale Bezogenheit verringerte. Man könnte volkswirtschaftlich bei steigenden Vermögen von einem fallenden *Grenznutzen* sprechen. Mit jeder zusätzlichen Million verringerte sich der gefühlte Wert des letztverdienten Euros.

Unternehmen im Familienbesitz können die eigenen Familienmitglieder an das Unternehmen emotional binden, obwohl ererbte Unternehmen für die Erben einen geringeren Wert haben, als für den Unternehmer, der das Werk gegründet hat. Für fremde Führungskräfte in großen Unternehmen lässt die emotionale Bezogenheit an das Unternehmen natürlich noch mehr nach. Für sie zählen immer mehr nur das Gehalt und die Gewinnbeteiligung. Eine fremde Führungskraft ist nicht mehr *Patriarch*, sondern *Manager*.

Die Geldwirtschaft begünstigt die emotionale Ablösung von den Sachwerten und die Bezogenheit auf die Mitarbeiter, zumal Geld ohne Bezug auf Bedürfnisse angehäuft werden kann. Für denjenigen, der nur am Geldwert interessiert ist, ist jede Kapitalanlage bereits ein Risiko. Er schätzt letztlich nur Notenbankgeld, d. h. er bindet sein Geld möglichst eher nur kurzfristig bei überschaubarer Rendite.

Kurzfristig wird nicht der reale Vermögenswert eines Unternehmens bewertet. Entscheidend für die Anlage ist nur, was kurzfristig herausgeholt werden kann. Maßgebend dafür sind auch alternative Anlagemöglichkeiten, die mit der geplanten Anlage verglichen werden. Die möglichen Renditen alternativer Anlageformen bestimmen den Kurs einer Aktie.

Einem traditionellen Unternehmer gilt sein Eigentum als realwirtschaftliche Gestaltungsmacht, mit der er sich und seinen Mitarbeitern den Lebensunterhalt verdient und der Gesellschaft Produkte und Dienstleistungen erbringt. Mit dem Wegfall der emotionalen Bindung an das Unternehmen mindern sich das realwirtschaftliche Engagement und das Verantwortungsbewusstsein für Mitarbeiter und Gesellschaft. Was bleibt ist das in Geld ausdrückbare Eigentum, und, dieses zu mehren, kann zum einzigen Wirtschaftszweck werden.

Unternehmen haben folglich so zu wirtschaften, dass sie mit möglichst wenig Eigenkapital und entsprechend viel Fremdkapital die Eigenkapitalrendite und damit auch die Aktienkurse hochtreiben. Denn die Kurssteigerungen bringen mehr als die ausgeschütteten Dividenden. Es geht also um den so genannten *Shareholder Value.*

>>Der Shareholder Value-Ansatz geht auf das im Jahr 1986 veröffentlichte Buch „Creating Shareholder Value“ von Alfred Rappaport zurück.[31] Danach hat die Unternehmensleitung im Sinne der Anteilseigner zu handeln.... Die geforderte Eigenkapitalmindestverzinsung dominiert andere Belange.<<[32] Unter dem Aspekt möglichst kurzfristiger Kurssteigerungen haben die Manager die Renditen hoch zu treiben. Die längerfristige Sicherheit des Unternehmens und die Mitarbeiter interessieren weniger, denn längerfristig haben clevere Shareholder ihre Aktien bereits verkauft.[33]

Ein traditioneller Unternehmensgründer, der sich mit seinem Unternehmen identifizierte, führte nach Möglichkeit einen Familienbetrieb. Um seine Unabhängigkeit zu wahren, strebte er eine möglichst hundertprozentige Eigenkapitalfinanzierung an und zahlte notwendige Kredite so schnell wie möglich zurück. Wenn er gezwungen war, Mitgesellschafter aufzunehmen, dann als Kommanditisten oder Minderheitsgesellschafter. In einer Aktiengesellschaft bestand er auf einer über 50-prozentigen Mehrheit.

Unter Eigenkapitalrenditegesichtspunkten handelte er so nicht optimal, da er bei billigen Krediten bezogen auf sein Eigenkapital eine höhere Rendite erzielen könnte. Unter dem Gesichtspunkt der Solidität des Unternehmens war es aber Unternehmen mit geringerer Eigenkapitalfinanzierung überlegen, weil es in Krisenzeiten Verluste tragen konnte und viel widerstandsfähiger gegen eine Überschuldung war.

Gegen den Kauf von anderen Unternehmen bestanden häufig emotionale Reserven, denn mit gekauften Unternehmen kann man sich nicht so stark identifizieren wie mit dem selbst gegründeten. Da jedes Unternehmen seine eigene

---

31 Rappaport, Alfred: *Shareholder Value.*

32 http://de.wikipedia.org/wiki/Shareholder_Value#cite_note-0

33 Ausführlicher: Petersen (2010a),S. 212ff.

Unternehmenskultur hat und die Mitarbeiter den gleichen *Stallgeruch* haben, ist es auch nicht leicht, verschiedene Unternehmen zusammenzuführen. Spektakulär zeigte sich das beim Zusammenschluss von *Daimler* und *Chrysler*.

Je mehr ein Unternehmer seine emotionale Beziehung zum eigenen Unternehmen verliert, und das geschieht meist erst in nachfolgenden Generationen oder bei Fremdmanagern, umso leichter fällt es, wirtschaftliches Wachstum insbesondere durch den Kauf anderer Unternehmen zu generieren. Ein Patriarch wandelte sich so in einem *Konzerngründer*.

Auch die Schaffung von Konzernen kann, wie zum Beispiel bei Flick und Stinnes, als persönliches Werk erlebt werden. Aber dennoch ist die emotionale Bindung an die Werke weit geringer als die eines Patriarchen an sein Unternehmen.

Zwar geht es dem Eigentümer bei Konzernen nicht mehr primär um eine möglichst hundertprozentige Eigenkapitalfinanzierung. Entscheidend bleibt aber die Beherrschungsmöglichkeit. Die kann aber auch durch raffinierte Gesellschaftskonstruktionen sichergestellt werden. Dennoch wollen auch Konzerngründer nicht primär Gewinne, sondern Unternehmensgröße und Macht genießen.

Betrachtet man den Markt nicht mehr unter dem Aspekt des Verkaufs der eigenen Produkte, sondern der Übernahme anderer Unternehmen, dann entwickeln sich Manager zu *Haien*, die andere Unternehmen *fressen*. Sie bedienen sich dabei bereits stärker der Möglichkeiten des Kapitalmarktes, und je mehr Kapital vagabundierte und Kapitalgesellschaften primär nach dem Ertragswert betrachtet wurden, umso leichter wurden so genannte *feindliche Übernahmen*.

Traditionelle eher patriarchal geführte Kapitalgesellschaften, bei denen der Bestandswert über dem Ertragswert liegt, ließen sich leichter übernehmen, weil die Übernahme leichter durch Kredite finanziert werden konnte. Die Mobilisierung stiller Reserven konnte den Konzern aber zugleich auch stärken. Bei feindlichen Übernahmen geht aber meist Unternehmenskultur und die Vielfalt von Produkten zugunsten von Rationalisierungserfolgen verloren.

Während es den Konzernstrategen nicht primär um Geld, sondern um den Konzern als solchen geht, sehen die sich immer mehr entwickelnden *Finanzstrategen* nur noch den Geldwert eines Unternehmens. Sie mobilisieren vagabundierendes Kapital zur Übernahme von Unternehmen mit hohen Bestandswerten, schlachten die Unternehmen aber dann aus, d. h. verwerten die Bestandswerte und verkaufen zerschlagene Teilbereiche an Unternehmen mit gleicher Kernkompetenz.

Ihnen fehlt jede emotionale Beziehung zu den Sachwerten und Arbeitskräften der erworbenen Unternehmen. Was sie an Sachwerten erlangen, verwandeln sie in Geld. Sie *fressen gleichsam alles kahl*, was ihnen begegnet und gelten deswegen bei Unternehmenserwerben zu Recht als *Heuschrecken*.

Heuschrecken ziehen alle Gewinne ab. Es bleiben möglicherweise unter Ertragswerten rentable Teilbereiche. Diese sind aber kritischen Zeiten meist nicht gewachsen und können sehr schnell wieder vom Markt verschwinden, weil sie keine stillen Reserven haben, die notfalls zur Sicherung von Krediten genutzt werden können. Was nicht lukrativ verwertet werden kann oder nach Konkursen übrig bleibt, fressen dann *Hyänen* und *Geier*.

Die Verwandlung der unternehmerischen Leistungsträger von *großen Tieren* zu *Schmeißfliegen* des Kapitalmarktes.

Jede Gesellschaft hat ihre "großen Tiere", die *Führer*, die die Einheit und Weiterentwicklung der Gesellschaft und damit auch das harmonische Zusammenleben der Gesellschaftsmitglieder garantieren. In traditionellen Familien und Sippen waren das in der Regel Väter und Sippenälteste, in Stämmen Häuptlinge und in Staaten Könige.

Als Repräsentanten der Ordnung und Einheit gründeten sie ihre Macht auf ihrer jeweiligen Autorität. So hatten sie meist auch eine mehr oder weniger ausgeprägte religiöse Funktion, waren somit Priesterkönige, wie es zum Beispiel die britische Königin als Oberhaupt der anglikanischen Kirche in abgeschwächter Form noch heute ist.

Der Einzelne verstand sich weniger als Individuum, denn als Glied einer Gemeinschaft. Aus ihr erhielt er die Aufgaben, die er zu erfüllen hatte, so wie in einem Bienenstock alle Bienen zusammenwirken bei dem Bau ihrer sechseckigen Waben, der Sammlung von Nektar und Pollen und der Verteidigung des Stockes. Die Kommunikation vollzieht sich bei den Bienen im tanzenden sich Einschwingen in die zu lösenden Aufgaben.

Die Orientierung auf das Ganze der Gesellschaft gilt auch noch für mittelalterliche Zunftsordnungen. Jeder diente in seiner Funktion der Gesellschaft und verlangte dafür nur ein *standesmäßiges* Einkommen. Gewinnmaximierung und insbesondere Zinsnehmen waren verpönt.

Im Zuge der wirtschaftlichen Entwicklung geht immer mehr Macht auf die Händler und mit der industriellen Revolution auf die Industriellen über und entwickelte sich als Folge davon die bürgerliche Demokratie.

Motiviert wurden Handel und Unternehmertum vom Streben nach Selbstwerdung. Immer mehr wurde das Individuum zum Selbstzweck. Entsprechend wurde das Trennende zwischen den Menschen und immer weniger die Bezogenheit und die Abhängigkeit des Einzelnen von der Gemeinschaft thematisiert. Der Mensch verstand sich nicht mehr als fleißige *Ameise*, die für das Wohl des Ganzen arbeitete. Vielmehr setzte sich die Auffassung des *homo homine lupus* durch, dass der Mensch dem Menschen ein *Wolf* ist. Die Wirtschaft entwickelte sich folglich zu einer *Wolfsgesellschaft*.

In diesem Sinne wurde dann auch das Geschehen in der Natur interpretiert. Der Blick fiel nicht mehr auf das Zusammenwirken der Tiere, zum Beispiel die aufopfernde Aufzucht der Jungen, sondern auf den Selbsterhalt. So entwickelte Darwin als Naturprinzip den "Kampf ums Dasein", wobei dann alle altruistischen Erscheinungen zu dienenden Funktionen des *Kampfs ums Dasein* erklärt wurden. Kämpften Tiere um Beute und Weibchen, war das sowohl individueller Egoismus wie auch Erhaltung der Art. Brutpflege konnte dagegen nur zur Erhaltung der Art interpretiert werden, denn das einzelne Tier hatte davon nichts.

Später kämpften dann sogar Gene ums Dasein. So schreibt ein Nobelpreisträger für Physik, Murray Gell-Mann,: >>Eine Extremform des Phänomens des egoistischen Gens kann bei der sogenannten Segregationsverzerrung auftreten. Laut dem Soziobiologen Robert Trivers könnte Segregationsverzerrung die Folge der Aktivität eines <wahrhaft egoistischen Gens> sein. Darunter versteht er ein Gen, das direkt und nicht über den neu entstehenden Organismus vorgeht, um seine Erfolgsaussichten im Konkurrenzkampf mit rivalisierenden genetischen Mustern zu verbessern. In einem männlichen Tier kann ein solches Gen sein Trägersperma dazu bringen, andere Spermien zu überholen oder sogar zu vergiften, um so den Wettlauf zur Befruchtung der Eier des Weibchens zu gewinnen. Allerdings ist ein wahrhaft egoistisches Gen für den neu entstehenden Organismus nicht unbedingt von Vorteil; es kann unter Umständen sogar schädlich sein.<<[34]

In diesem Sinne sagt auch Steven Pinker: >>Nicht Körper, sondern Gene reduplizieren sich, und das bedeutet, daß nicht die Körper, sondern die Gene egoistisch sein müßten.<< [35] Und er entwickelt daraus eine Motivationslehre für Gene, wie aus folgendem Zitat ersichtlich: >>Wann sitzt die Kopie eines Gens aus einem bestimmten Tier auch in einem anderen? Wenn die Tiere miteinander verwandt sind. ... Demnach würde ein Gen mit dem Bau eines Gehirns, das seinen Besitzer veranlaßt, seinen Verwandten zu helfen, indirekt zu seiner eigenen Reduplikation beitragen.<<[36]

Seine Überlegungen münden in folgenden skurrilen Betrachtungen: >>Rätselhaft am Krieg ist, warum sich Menschen freiwillig für eine Aktivität melden, bei der sie eine ausgezeichnete Chance haben, getötet zu werden. Wie kann sich

---

34 Murray Gell-Mann: *Das Quark und der Jaguar. Vom Einfachen zum Komplexen - Die Suche nach einer neuen Erklärung der Welt*, S. 354.

35 Steven Pinker: *Wie das Denken im Kopf entsteht*, S. 493.

36 Steven Pinker: a. O., S. 494.

im Laufe der Evolution der Wunsch entwickelt haben, russisches Roulette zu spielen? Tooby und Cosmides erklären es damit, daß die natürliche Selektion Merkmale begünstigt, die *im Durchschnitt* die Fitness erhöhen. Jedes Gen, das zur Ausprägung eines bestimmten Merkmals beiträgt, findet sich in vielen Generationen in vielen Individuen; stirbt also ein Individuum mit diesem Gen kinderlos, so kann dies durch den Erfolg vieler anderer Individuen mit diesem Gen ausgeglichen werden. Stellen wir uns ein russisches Roulette vor, bei dem man einen Nachkommen mehr erhält, wenn man nicht getötet wird. Es könnte der Fall sein, daß ein Gen für die Teilnahme an dem Spiel selektiert wird, denn in fünf Sechstel der Fälle würde es eine zusätzliche Kopie im Genpool hinterlassen und in einem Sechstel der Fälle keine. Im Durchschnitt ergibt das 0,83 Kopien mehr, als wenn man nicht an dem Spiel teilnähme. Sich einem Bündnis fünf anderer Männer anzuschließen, die mit Sicherheit fünf Frauen erbeuten, aber einen tödlichen Verlust erleiden werden, wäre im Grunde die gleiche Entscheidung. Die Schlüsselidee dabei ist, daß die Männer gemeinsam einen Gewinn erzielen können, den einer allein nicht erzielen kann, und daß die Beute entsprechend den übernommenen Risiken verteilt wird.<< [37] Man muss schon einen starken *Glauben* an egoistische Gene haben, um das zu *glauben*.[38]

Aber auch eine Wolfsgesellschaft kommt nicht ohne einen Rest an Bezogenheit auf die anderen aus. Nur ist es nicht mehr die Aufgabe des egoistischen Einzelnen, sondern sollte sich hinter ihrem Rücken vollziehen. So galt die Marktwirtschaft als natürlich. Danach dient der Einzelne umso mehr dem Gesamtwohl, je egoistischer er sich gebärdet, denn er kann auf dem Markt nur das verkaufen, was von anderen gebraucht wird, und sein Gewinn ist umso größer, je günstiger und Kunden orientierter er die Waren herstellt.

Ganz so unsichtbar, wie es marktwirtschaftliche Ideologen gern darstellen, arbeitet die *Prästabilisierte Harmonie* jedoch nicht. Es bedarf dazu Regeln und Menschen, die auf die Einhaltung der Regeln achten. Für diese gilt das Prinzip der Gewinnmaximierung aber nicht. Denn sonst hätten wir eine blühende Korruptionswirtschaft. Die Regeln Setzenden und sie Überwachenden müssen sich vielmehr am Gesamtwohl orientieren und auf ein standesgemäßes Einkommen rechnen. Ohne diejenigen, die im Staat für die Ordnung sorgen, aber auch die

37 Steven Pinker: a. O., S. 637f.
38 Vgl. Petersen (2007b) S. 217ff.

Masse der Arbeitnehmer, die Ärzte, Lehrer und Forscher, die nur eine standesgemäße Vergütung erhalten und dennoch eine hohe Arbeitsmoral haben können, funktioniert die Wirtschaft nicht.

Forscher und Erfinder müssen erst die Voraussetzungen für die wirtschaftliche Entwicklung schaffen, und auch sie handeln nicht primär nach Gewinnmaximierungsprinzipien, wenn sie auch heute mehr und mehr dadurch korrumpiert werden.

Dennoch gebührt den Unternehmern das Verdienst, die Individualisierung der Menschen und die Demokratisierung der Gesellschaft ermöglicht zu haben. Insofern verdienen die dynamischen Unternehmer in der industriellen Revolution als "große Tiere" der Gesellschaft Anerkennung und war es auch gerechtfertigt, unternehmerisches Handeln so weit wie möglich zu liberalisieren, allerdings im Rahmen der marktwirtschaftlichen Spielregeln und einer Besteuerung nach Leistungsfähigkeit zur Finanzierung der Staatsausgaben und der sozial Bedürftigen.

Wenn man aber das wölfische Prinzip des dynamischen Unternehmers ernst nimmt und sich dabei an dem für die Natur postulierten Prinzip des "Kampfes ums Dasein" orientiert, dann muss man auch den Tod der Leitwölfe berücksichtigen, der Platz schafft für junge Leitwölfe. Übertragen auf die kapitalistische Marktwirtschaft, würde das bedeuten, dass nach dem Tod des Unternehmers sein Eigentum wieder der Gemeinschaft verfällt, also einer Erbschaftssteuer unterliegt. Das würde dann dem Staat Einkünfte verschaffen, durch die er die Startbedingungen für neue Unternehmer verbessern und die sonstige Steuerlast mindern könnte.

Dadurch dass Reiche ihre steigenden Vermögen immer weiter vererben können und die Erben daraus zusätzliche Einkommen beziehen, wird das Leistungsprinzip immer weiter verwässert. Ein Unternehmersohn, der seine Leistungsfunktion nur einer Erbschaft verdankt, muss als Leistungsträger nicht aus der Gesellschaft herausragen. Er kann vielmehr sogar zum Müßiggänger oder Playboy werden und damit ein Leben führen, das weit gerechtfertigter als der FDP-Vorsitzende, Guido Westerwelle, für Hartz IV-Empfänger verwandte, als "spätrömische Dekadenz" bezeichnet werden kann.

Die Vererbung der Vermögen bewirkt eine ständig weiter auseinander klaffende Vermögens- und Einkommensverteilung. Denn Vermögende haben aufgrund ihrer gesellschaftlichen Stellung, die das Vermögen ihnen ermöglicht, schon meist ein überproportionales Einkommen. Zusätzlich ziehen sie aber weitere Einkünfte aus ihrem Vermögen, und zwar im Zeitlauf überproportional.

In einer traditionellen Wirtschaft ohne Geld oder Geld nur als Edelmetall gibt es bei extremer Konzentration der Vermögen nur eine Herrschaft (Adelsclique) und die Masse der übrigen Bevölkerung, die der Herrschaftsklasse dienen und sich selbst versorgen muss. Soweit die übrige Bevölkerung Sklaven oder Leibeigene sind, gehören sie auch leiblich ihren Herren. Diese fühlen sich dann aber insoweit für sie verantwortlich, als sie ihre Arbeitskräfte nicht verlieren wollen.

Auch geht es im Austausch unter Wirtschaftspartnern immer um reale Güter. Das galt auch noch für die Geldwirtschaft auf Edelmetallbasis, bei der man Vermögen nur in Form von Immobilien oder werthaltigen Gütern, wie Edelmetalle, anhäufen konnte. In einer modernen kapitalistischen Geldwirtschaft haben sich die Verhältnisse jedoch insofern geändert, als Vermögen auch in Form von Besitztiteln und Papiergeld angehäuft werden kann.

Frühere Aktionäre fühlten sich noch als Miteigentümer ihrer Wirtschaftsunternehmen und begleiteten mental deren Schicksal. Der emotionale Bezug zum Unternehmen hat sich aber im Laufe der Zeit gelöst, zumal eine Aktie auch nur ein Papiertitel war, wie eine Anleihe, ein spekulatives Renditepapier auf Rohstoffe oder Währungen oder gar Derivaten davon und in diese jederzeit umgetauscht werden kann. Letztlich ging es nur noch um den jeweiligen *Geld*wert und wurde die Anlageform nach den jeweiligen *Ertrags*werten gewählt und verändert. Die Hauptanleger setzen ihr Geld auch nicht mehr ein, um damit ihren Lebensunterhalt zu verdienen. Ihr Anliegen ist vielmehr nur noch das *Spiel*.

Geld ist in einer Realwirtschaft das Vehikel, das einen optimalen Austausch unter den Wirtschaftspartnern ermöglicht, weil jedes Gut durch die Zwischenschaltung von Geld in jedes andere getauscht werden kann. Unter realwirtschaftlichen Gesichtspunkten sollte deswegen die umlaufende Geldmenge auch auf den Warenkreislauf abgestimmt sein. Steigt die Geldmenge darüber hinaus, dann kommt es, wenn es nur eine Realwirtschaft gibt, zu Preisinflationen und bei zu geringer Geldmenge zu Depressionen.

An einer solchen Wirtschaftsordnung orientieren sich auch noch immer die Theoretiker und Wirtschaftspolitiker, die bei der gegenwärtigen Geldmengenerhöhung Inflationsgefahren wittern (siehe oben). Was sie nicht sehen, ist, dass sich neben der Realwirtschaft ein spekulativer Kapitalmarkt entwickelt hat, der auch Geld braucht, denn jeden Tag jagen Billionen Euro Kapitalmarkttransaktionen um den Globus. So schreibt Klaus Stocker: >>Die Zahlungen aus Handelsgeschäften, also Importen und Exporten sind heute nur noch für circa 1,3 % (!) der weltweiten Kapitalbewegungen verantwortlich ([1]).<<[2]

Das heißt: Bei Kapitaltransaktionen fließt auch Geld. Wenn nun Geld, als das Blut des Wirtschaftskreislaufs von Waren und Dienstleistungen betrachtet wird, dann entspricht der spekulative Kapitalmarkt Blutstauungen, wo Blut zu Wasser wird, das sich in den Beinen und anderen Körperteilen staut, aufbricht und zu Eiterbeulen wird, die als solche einen eigenen Wirtschaftskreislauf eröffnen. Von ihnen nähren sich die Maden von *Schmeißfliegen*. Das sind in der Wirtschaft Unternehmer, die Gewinne nicht mehr durch realwirtschaftliche Unternehmungsleistung und als Banker durch realwirtschaftliche Kreditvermittlung und Erleichterung des realwirtschaftlichen Zahlungsverkehrs verdienen, sondern durch Spekulationen auf dem Kapitalmarkt. Der Kapitalismus als Wirtschaftsordnung wird dadurch zerstört.

1 Bank für internationalen Zahlungsausgleich (BIZ) Triennial Central Bank Survey of Foreign Research and Derivative Market Activity, Basel 2004 (2004 a) S. 1ff. … sowie IMF Financial Statistic Yearbook 2003, pp. 81 …

2 Klaus Stocker: *Management internationaler Finanz- und Währungsrisiken*, S. 3.

Die schleichende Zerstörung der Wirtschaftsethik

Viele würden, gefragt, was sie sich als einen Glückszustand vorstellen, eine Art Paradies beschreiben, wo man nur konsumieren kann, wo, wie es heißt, *Milch und Honig fließen* oder, wie es im Koran in Aussicht gestellt wird, man im schönen kühlen Garten an dem Gabentisch Gottes sitzt und von ewig jungfräulichen Huris beglückt wird.

Da sich in dieser Welt dieser Zustand nicht von allein einstellt, muss man, wenn nicht andere einen versorgen, verkommen und darum selbst arbeiten. Arbeit ist für solche Menschen aber nur ein Mittel zum Zweck. Man *arbeitet, um leben* zu können.

Andere würden dagegen Glück in befriedigender Tätigkeit erleben, ein Kunstwerk zu schaffen, einen großen Berg zu besteigen, Macht auszuüben und, so viele Menschen beglücken zu können, dass sie von ihnen gefeiert werden, Menschen helfen und, was dergleichen Tätigkeiten mehr sind. Ja, es kann jemand sogar einfach darin seine Befriedigung empfinden, mit anderen zusammen tätig sein zu dürfen und nicht arbeitslos zu sein, ganz abgesehen davon, dass Arbeitslose in der Regel auch nicht auf der faulen Haut liegen, sondern etwas sie Befriedigendes tun.

Diejenigen, die ihr Glück darin sehen, etwas Sinnvolles zu tun und sich darin selbst zu verwirklichen, könnte man sagen, *leben, um zu arbeiten*. Natürlich müssen auch diese Menschen ihren Lebensunterhalt verdienen und erwarten als Anerkennung für ihre Leistungen eine angemessene Vergütung. Da sie von der Arbeit aber selbst ihre Hauptbefriedigung erfahren, brauchen sie auch nicht unbedingt so viel für einfachen Konsum.

Mit der Einführung des Geldes konnte aber der Erwerb des Geldes Selbstzweck werden. Während es vorher nur sinnvoll war, so viel zu produzieren, wie man selbst brauchte, konnte man nach der Erfindung des Geldes unbeschränkt produzieren und das Geld horten und die darin inkorporierte Kaufkraft als solche genießen. Auch konnte man das Geld verleihen und über den Zins zusätzliches Geld verdienen.

Das Anhäufen von Geld um des Geldes willen und es gar noch gegen Zins zu verleihen, galt aber in alten Zeiten als unethisch. Das änderte sich, als durch die industrielle Revolution Geld in Investitionsgüter angelegt werden und dadurch wieder produktiv in den Wirtschaftskreislauf integriert werden konnte. Unternehmer konnten so ihre Leistungsfähigkeit vergrößern und ihre Maschinen und Werke gleichsam als erweiterte Glieder ihres Körpers erleben.

Sie konnten aber ihre wachsenden Produkte nur absetzen, wenn sie sich wie heute an den Bedürfnissen der Kunden orientierten und diese spiegelten sich am rationalsten im Markt. Da auf dem Markt Waren in Geld bewertet werden, ist der Geldgewinn Maßstab für erfolgreiches Produzieren.

Die Maximierung des Geldgewinns durch das Investieren allen Geldes immer wieder in die Produktion wurde der Grundgedanke des *Kapitalismus*. Dabei verstanden sich die Kapitalisten als ethisch handelnd. Ein kapitalistischer Unternehmer war kein Müßiggänger, sondern *lebte, um zu arbeiten* und er war überzeugt, dass er auch im Interesse des Gesamtwohls handelte, denn der Markt würde nur erlauben, Waren zu verkaufen, die auch gebraucht werden.

Wie Max Weber diagnostizierte, sahen frühe puritanische Unternehmer in ihrem Erfolg auch ein Zeichen Gottes, dass sie zu den Auserwählten gehören, war der Gewinn somit ethisch sanktioniert. Geld war zwar der Maßstab für Erfolg, aber nicht Selbstzweck. Gewinn sollte soweit wie möglich nicht konsumiert, sondern immer wieder investiert werden.

Das änderte sich naturgemäß im Laufe des Generationenwechsels. Denn für Firmenerben kann ein Unternehmen emotional nicht mehr die gleiche Bedeutung haben, wie für die Unternehmensgründer, die sich darin verwirklichten. Zunächst überwiegt noch die Pietät in den Firmengründer und die Erziehung zu sparsamer Lebensführung. Mit dem Abstand vom Firmengründer und dem Wachstum des Vermögens, das immer weniger aus Arbeit, denn aus Kapitalerträgen zunimmt, wandelt sich die Lebenseinstellung der Erben oder wird das Vermögen mehr und mehr genossen oder zum Selbstzweck.

Nach puritanischer Kapitalistenideologie verkaufen auch Arbeitskräfte nur ihre Arbeit und müssen an ihrem Verdienst ihre Gottgefälligkeit messen. Für den Arbeitnehmer selbst war Arbeit aber immer eher Mittel, um leben zu können.

Zu Beginn der industriellen Revolution wurde durch zusätzliche Produktion bestehender Mangel befriedigt und wurden traditionelle Hersteller verdrängt. Die Entdeckung zusätzlichen Konsums war folglich kein Thema. Das galt noch bis nach dem Zweiten Weltkrieg. So wurde während meiner Tätigkeit bei Fried Krupp Mitte der sechziger Jahre berichtet, dass der Verkaufschef des Konzerns gesagt haben soll: „Marketing, was ist das?“ Stahl wurde zur damaligen Zeit *verteilt*.

Bezeichnend ist auch die Äußerung eines russischen Kolchosleiters, der nach dem Bericht eines Beraterkollegen bei einem Verkaufsförderungsseminar zur Überwindung der Absatzkrise nach dem Ende der sozialistischen Planwirtschaft ausgerufen haben soll: „Ich verstehe die ganze Veranstaltung nicht. Ich habe auf meinem Schreibtisch fünf Telefone. Wenn jemand etwas braucht, kann er mich jederzeit anrufen.“

Nachdem die traditionellen Bedürfnisse befriedigt waren, musste der Bedarf zusätzlich und für neue Produkte geweckt werden. Mit dem Marketing und seiner Konsumförderung bekam der *Verbrauch* von Gütern und Dienstleistungen eine wachsende Bedeutung. Auch ermöglicht durch steigende Kaufkraft wurde für die Menschen der Konsum immer wichtiger.

Das stärkte die Einstellung, dass man *arbeitet, um zu konsumieren*. Kapitalistische Marktwirtschaftler neigen ohnehin dazu, Arbeit und Konsum zu trennen. Arbeit ist danach lästige Plackerei und erfährt man Genuss nur im Konsum. Man muss arbeiten, um möglichst viel verbrauchen zu können.

Der Eigenwert der Arbeit als Tätigkeit und zur Selbstverwirklichung fällt dabei durch den Rost. Aus einer solchen Einstellung erwartet ein liberaler Marktwirtschaftler, dass Arbeiter flexibel sind, ihre Berufswahl nach den Markterfordernissen ausrichten, den Arbeitsplatz und, wenn nötig den Wohnsitz, wechseln oder sich umqualifizieren oder weniger bezahlte Arbeit annehmen, wenn sie in ihrem Beruf nicht mehr gebraucht werden.

Natürlich müssen Arbeitnehmer und Unternehmen auf die wirtschaftlichen Möglichkeiten reagieren. Dennoch darf für die Wirtschaftspolitik aber auch für Unternehmer die Arbeitsfreude als Bestandteil der Lebenszufriedenheit und der gesellschaftlichen Harmonie nicht vergessen werden. Eine Wirtschaftsordnung wird gefährdet, wenn alle langfristigen Bindungen zugunsten einer maximalen Flexibilisierung chaotisiert werden. Denn trotz der steigenden Konsumorientiertheit der Wirtschaft wünschen die meisten Menschen auch eine Befriedigung und längerfristige Bindung an das Unternehmen, ihre Arbeitskollegen und die Heimat.

Welche Bedeutung eine gute fachliche Ausbildung, die ohne Freude an der Arbeit nicht möglich ist, für das Funktionieren der Wirtschaft selbst hat, können wir an der relativen Leistungsfähigkeit der deutschen Industrie im Verhältnis zu anderen Ländern ablesen. Durch einseitig geldorientierte Einstellung geht diese Leistungsfähigkeit, wie die USA und Großbritannien zeigen, verloren. Entsprechend verlieren Unternehmen auch leicht ihre Überlebensfähigkeit, wenn sie nach *Shareholder Value*-Gesichtspunkten ausgeschlachtet werden.

Wer ein Haus oder Unternehmen hat, der lebt auch aus seinem Haus beziehungsweise für sein Unternehmen. Wer hundert Häuser hat oder viele Unternehmen, für den sind sie nur noch mehr oder weniger abstrakter Besitz. Wenn sich jemand mit den ihm gehörenden Besitztümern beschäftigt, hat er es noch mit realen Dingen zu tun. Er muss sich um ihre Nutzung, um Reparationen und behördliche Belange kümmern und versteht sich selbst als *Herr* der Häuser und Unternehmen und ihrer Schicksale.

Das wird anders, wenn er nicht mehr alleiniger oder maßgeblicher Eigentümer ist. Zwar kann er sich, oder sagen wir besser konnte er sich, als Kleinaktionär auch mit der Aktiengesellschaft verbunden fühlen, an der er beteiligt war, wenn er jedoch viele Millionen Aktien und Wertpapiere hat, ist für ihn der Besitz nur noch ein *abstrakter Geldwert*.

Je geringer mein Eigentum, umso mehr betrachte ich es auch als Sicherheit für meinen Lebensunterhalt in Notlagen und im Alter. Für Multimillionäre oder gar Milliardäre spielen solche Überlegungen keine Rolle, haben die meisten Besitztümer keine existenzielle und meist auch keine emotionale Bedeutung. Ob sie eine Million verlieren oder gewinnen, berührt ihre Lebensführung nicht. Infolgedessen steigt die Bereitschaft, mit Eigentum zu *spielen*.

Spielen ist an sich etwas sehr Erhabenes. Der Spieler geht ganz in seiner Tätigkeit auf. Subjekt und Objekt bilden dabei eine Synthese. Spieler und Spiel sind eins.

Man kann zwei Formen des Spiels unterscheiden: das selbst vergessene des Kindes und das reflektierte Erwachsener. Bei dem Letzteren hat sich der zu einem Selbst gewordene Mensch wieder mit seinem Gegenüber, andere Menschen oder Gegenstände, mit denen er spielt, vereint. Beim Wettspiel bleibt jedoch ein Rest an Selbstbezug übrig, geht es auch um das *Gewinnen*.

Pervertiert wird die Erhabenheit des Spiels aber vollends, wenn *um etwas* gespielt wird. Geldspiele wurden deshalb früher als etwas Teuflisches erlebt, und wer sich dem ganz hingab, war ein *Spielteufel*.

Wer *um etwas* spielt, frevelt auch an dem Gegenstand, um den gespielt wird, denn der Gegenstand verliert seinen Eigenwert. Handelt es sich dabei um ein konkretes Ding, sagen wir ein Haus, ein Kleidungsstück oder einen Schmuck, wird das Frevelhafte eher bewusst. Bei Geld verliert sich aber die emotionale Bezogenheit. Denn Geld ist anonym. Das ist noch mehr der Fall, wenn man davon genug hat.

Wer sein Geld sauer verdient hat, wird kaum in die Versuchung kommen, in eine Spielbank zu gehen. Mit Genuss in einer Spielbank seine Zeit zu vertreiben, kann nur der, der auch ohne persönliche Probleme verlieren kann und dem das Schicksal eines Menschen, dem am Spieltisch Haus und Hof abgenommen werden, nicht berührt.

Ein viel anspruchsvolleres und raffinierteres Spiel, als am Spieltisch auf Glück zu hoffen, ist das *Spekulieren an der Börse*. Wer das Vermögen hat, spielen will, den Kapitalmarkt aber nicht voll überblickt, lässt sich beraten. Will er selbst nicht spielen, erhofft aber dennoch eine überproportionale Rendite, überlässt er der Spielen Profis. Berater und Anlageprofis sind *Finanzdienstleister*.

Da es bei Kapitalmarkttransaktionen nur um Ertragswerte geht, die immer stärker schwanken als Sachwerte, kann auf dem Kapitalmarkt überdurchschnittlich viel verdient werden, insbesondere in Boomzeiten, wenn alle Werte spekulativ steigen. Dann verdienen alle. Sie verlieren aber auch wieder, wenn das Kursniveau fällt, es sei denn die Cleveren steigen rechtzeitig aus und schichten ihre Anlagen um.

Insbesondere verdienen aber die Finanzdienstleister. Abgesehen von ihren Gebühren haben Fondsmanager, bevor sie Gewinne ausschütten, immer schon die Sahne abgeschöpft. Falls die Konkurse fallen, verlieren sie allenfalls ihre Boni, verdienen aber weiterhin ihre Provisionen oder Festgehälter. Sie entsprechen, wie es jemand mal charakterisierte, den Verkäufern von Schaufeln an Goldsucher. Ob Goldsucher Gold finden oder nicht, die Schaufelverkäufer verdienen immer.

Finanzdienstleister haben in der Regel jedes Gefühl für realwirtschaftliche Unternehmen und dem mit realer Arbeit verdienten Geld verloren. Sie kassieren Millionen und fordern diese häufig auch, wenn sie als Manager Banken in den Konkurs getrieben haben. Sie geben das Geld, weil es ihnen nichts bedeutet, aber auch mit vollen Händen wieder aus. Ihre Sparquote ist daher an den namhaften Finanzplätzen nahe 0 %.

Es versteht sich, dass bei Finanzdienstleistern die Wirtschaftsethik zum Teufel geht. Dabei können sie aus eben dieser Leichtigkeit des Ausgebens auch Kunst, Forschung und soziale Zwecke sponsern, so wie die *neuen Russen* in Saus und Brause leben, zur Rettung ihrer Seele aber auch den Bau neuer und die Restauration alter Kirchen finanzieren.

Da wirkt die Vorstellung, die die Herausgeber von *Fonds professionell,* Gerhard Führing und Mamdouh El-Morsi, von Bankern und Finanzdienstleistern haben, bereits antiquiert, wenn sie schreiben: >>Niemand möchte in Wahrheit in einer Welt leben, in der der Wert der börsennotierten Unternehmen einer Industrienation binnen weniger Jahre mehrmals um mehrere hundert Prozent schwankt. Kapitalanlage hieß ursprünglich Investition in die reale Wirtschaft, verdienen sollte man dabei real, was die Wirtschaft real verdient - nicht mehr und nicht weniger. Von dieser Idee konnte man in den letzten Jahren nicht mehr viel erkennen, Ertragsziele waren stets zweistellig, und Geduld war kein Thema. Wenn aber kollektiv nicht mehr investiert, sondern nur noch spekuliert wird, dann ist der aktuell beobachtbare Boom-Crash-Zyklus unvermeidlich.<<[41]

Weil nach den Regeln der Marktwirtschaft der Gewinn ein Gradmesser für Leistung ist, avancieren Finanzdienstleister auch noch zu den eigentlichen *Leistungsträgern* der Marktwirtschaft und kann ihre Einstellung damit zum Vorbild für andere werden. Manager, die sich früher einer soliden Unternehmensführung widmeten, werden nach dem Shareholder Value-Prinzip selbst zu Spielern gemacht und auch mit dem Spielerfolg dotiert.

Als 1968 eine für Exportgeschäfte wichtige Währung abwertungsgefährdet war, wurde im Währungsausschuss des damaligen deutschen Chemiekonzerns *Hoechst AG*, dem ich als zuständig für Fakturierungsrichtlinien zur Vermeidung von Kursverlusten und Hermesversicherungen angehörte, abweichend vom üblichen Währungstermingeschäft in Höhe der Forderungen der Vorschlag gemacht, über eine interessante Dreieckskredittransaktion einen Kursverlust zu vermeiden und aller Voraussicht nach sogar noch einen Kursgewinn zu realisieren.

Dieser Vorschlag wurde abgelehnt mit dem Bemerken, Hoechst ist ein Produktionsunternehmen und spekuliert nicht. Diese strikte Trennung und Vermeidung jeglicher Art von Spekulation dürfte auch für Produktionsunternehmen in heutiger Zeit kaum mehr gelten.

Wie kann bei solchen Vorbildern von den übrigen in der Realwirtschaft ihren Dienst Erfüllenden und ihre Pflicht Tuenden noch eine solide Arbeit erwartet werden? Der Fisch beginnt, wie man zu sagen pflegt, *am Kopf zu stinken*, und wer diesen Gestank auf dem zum Spielcasino degenerierten Kapitalmarkt riecht, muss sich Sorge um die allgemeine Wirtschaftsethik und damit um die Wirtschaft selbst machen.

41 Gerhard Führing/ Mamdouh El-Morsi: *Chance vertan?*, S. 4.

Ist die Vergütung von Managern mit mehreren Millionen Euro pro Jahr wirtschaftsethisch vertretbar?

Wie in den Medien nachzuliefern, betrugen die höchsten Vergütungen von Vorstandsvorsitzenden bei DAX-Unternehmen 2009 in Millionen Euro:

Josef Ackermann, Deutsche Bank	9,552	Ben Lipps, FMC	3,413
Dr. Jürgen Großmann, RWE	7,162	Jürgen Hammbrecht, BASF	3,377
Peter Löscher, Siemens	7,119	Karl-Ludwig Kley, Merck	2,837
Leo Apotheker, SAP	6,700	Kasper Rohrstedt, Henkel	2,837
Martin Winterkorn, Volkswagen	6,600	René Obermann, Deutsche Telekom	2,729
Wolfgang Reitzle, Linde	6,221	Norbert Reithofer, BMW	2,581
Michael Diekmann, Allianz	4,821	Reto Francioni, Deutsche Börse	2,471
Wulf H. Bermotat, Eon	4,465	Ulf M. Schneider, Fresenius	2,313
Frank Appel, Deutsche Post	4,438	Norbert Steiner, K+S	2,101
Dieter Zetsche, Daimler	4,342	Thomas B. Quaas, Beiersdorf	1,817
Bernd Schelfele, Heidelberg Cement	4,118	Ekkehard D. Schulz, Thyssen-Krupp	1,293
Eckhard Cordes, Metro	3,840	Hakan Samuelsson, MAN	1,220
Werner Wenning, Bayer	3,567	Peter Bauer, Infineon	1,155
Nikolaus von Bomhard, Münchener Rück	3,420	Martin Blessing, Commerzbank	0,572

Quelle DSW/TUM[42]

In Bezug auf diese Gehaltsangaben kann man fragen,

1. Wie kommen so extreme Vergütungen im Verhältnis zu normalen Einkommen zustande?
2. Leisten Vorstandsvorsitzende so viel mehr für die Gesellschaft als andere, dass so hohe Gehälter wirtschaftlich gerechtfertigt sind?
3. Braucht ein Vorstandsvorsitzender eine so hohe Vergütung?

1. Wie kommen so extreme Vergütungen im Verhältnis zu normalen Einkommen zu Stande?

Löhne und Gehälter werden normalerweise auf dem Arbeitsmarkt ausgehandelt, modifiziert in der Regel durch Tarifverträge, die aber auch Rücksicht nehmen müssen auf das Angebot und Nachfrage nach Mitarbeitern der jeweiligen

42 Henrik Mortsieper: *Ackermann ist wieder Spitze*, Der Tagesspiegel, S. 19.

Berufsgruppe. Nun wird argumentiert, dass auch die Gehälter von Vorstandsvorsitzenden das Ergebnis von Angebot und Nachfrage sind. Ist aber der Markt für Führungskräfte wirklich dem normalen Arbeitsmarkt vergleichbar?

Erste Zweifel könnten einem kommen, wenn man die Gehälter in verschiedenen Ländern vergleicht. So werden in den USA Manager weit höher bezahlt, als in Deutschland, obwohl die Unternehmen nicht unbedingt erfolgreicher sind. Deswegen wurde auch Chrysler von Daimler übernommen und nicht umgekehrt. Obwohl die Gehälter von Chrysler sehr viel höher waren, als die von Daimler wurden die Gehälter der Manager auf das Chrysler-Niveau angehoben und nicht, wie es eigentlich vom Ertrag der Gesellschaften her gerechtfertigt gewesen wäre, die von Chrysler auf das Niveau von Daimler abgesenkt.

Hatte nun die Anhebung der Gehälter von Daimler-Managern irgendetwas tun mit der Nachfrage und dem Angebot von Managern? Wohl kaum. Eher damit, dass ein Manager sein Gehalt mit dem von anderen Managern vergleicht und in einem niederen Gehalt eine geringere Bewertung der Tätigkeit, als die der anderen sieht. Das heißt: Managergehälter sind nicht primär das Ergebnis von Angebot und Nachfrage, sondern werden auch umgekehrt von den bereits bestehenden Gehältern anderer bestimmt und allenfalls nach der Größe eines Unternehmens und seiner Ertragskraft modifiziert. Aber die Ertragskraft muss nicht unbedingt das Ergebnis der Vorstandstätigkeit sein, sondern kann auch der Art der Produkte und der Qualifikation der übrigen Mitarbeiter geschuldet sein.

Die Höhe der Gehälter scheint vorwiegend von *Standesdenken* bestimmt. Die Klasse der Spitzenmanager, aus denen Vorstandsmitglieder rekrutiert werden, ist eine weitgehend geschlossene Gesellschaft, die durch Mitgliedschaft in Standesorganisationen, Logen und so genannten *Rotariern* und *Lions* von der übrigen Mitarbeiterschafft abgehoben ist. Obwohl von der Qualifikation her sehr viel mehr den Beruf eines Vorstandsvorsitzenden erfüllen könnten, wird immer erst versucht, aus der bereits etablierten Spitzenmanagerklasse eine Position zu besetzen und steigt nur jemand in diese Klasse neu auf durch Empfehlung, Beziehungen und sicherlich auch außerordentliche Leistung, die er auf unteren Ebenen bereits erbracht hat, wenn sich aus der bestehenden Klasse niemand findet.

Mit der Qualifikation und der Leistungsfähigkeit eines Managers hat die Höhe seines Gehaltes aber nicht unbedingt etwas zu tun. Oder sind der Vorstandsvorsitzende der Allianz als Manager nur halb und der der Commerzbank als Führungskraft nur 1/20 so qualifiziert und leistungsfähig wie Josef Ackermann von der Deutschen Bank, wenn sie nicht 9,6 Millionen, sondern nur 4,3 Millionen beziehungsweise 570.000 €, wie der Chef der Commerzbank, verdienen?

Man sieht daran, dass die Höhe der Managergehälter nur bedingt etwas zu tun hat mit ihrer Tätigkeit, wohl aber damit, was Manager für ein standesmäßiges Einkommen halten und was vergleichbare andere verdienen, so dass sie sich in ihrer Stellung als Vorstandsvorsitzende gesellschaftlich anerkannt fühlen können.

Ist das allgemeine Niveau 500.000 €, dann kann schon jemand, der 600 € verdient, darin eine besondere Wertschätzung seiner Leistung und Stellung sehen. Bewegt sich das Niveau dagegen um 3.000.000 € müssen die besonderen Ausschläge für Manager, die besser als andere sind, entsprechend höher ausfallen.

Durch die Globalisierung sind die traditionellen Maßstäbe ganz aus den Fugen gekommen. Man orientiert sich nicht mehr national, sondern international. Zusätzlich wurde das Empfinden für eine angemessene Vergütung sicherlich durch die geradezu aberwitzigen Einkünfte von Finanzdienstleistern korrumpiert. Ein Vorstandsvorsitzender, der einen Konzern leitet, wird nicht verstehen, warum seine Leistung so viel geringer vergütet wird, als die von Finanzdienstleistern.

Aber auf dieses Verstehen kommt es heute gar nicht mehr an. Ein Vorstandsvorsitzender ist, wenn er von der Aktienbewertung der Börse abhängig ist, heute gezwungen, nach *Shareholder Value Prinzipien* das Unternehmen zu führen. Wollte er diese Prinzipien ignorieren, und sein Unternehmen nicht im Sinne hoher Aktienkurse leiten, dann könnte seine Aktiengesellschaft sehr schnell ein Übernahmekandidat von finanziellen *Heuschrecken* sein. Stellt er sich aber auf diese Prinzipien ein, dann werden auch seine Einkünfte daran gemessen und können überproportional wachsen.

Bei der Bemessung der Vergütungen von Vorstandsvorsitzenden darf auch nicht übersehen werden, dass die die Gehälter Festsetzenden selbst auch zur Klasse der Manager gehören, so dass ihre eigenen Bezüge die Bewertung mit leiten. Der Rang von Leuten, die andere in Spitzenfunktionen berufen, bemisst sich auch daran, was für Gehälter sie vergeben können. Das muss nicht heißen, dass der Aufsichtsratsvorsitzende einer Aktiengesellschaft unbedingt mehr verdienen muss, als der anzustellende Vorstandsvorsitzende, wohl aber, dass er den Vorstandsvorsitzenden nach Standesgesichtspunkten bewertet, zumal Aufsichtsratsvorsitzende häufig selbst vorher auch Vorstandsvorsitzende waren und diese frühere Tätigkeit nicht durch eine geringere Bezahlung für ihre Nachfolger abwerten wollen.

Für das Standesdenken sprechen auch die sonstigen Privilegien von Spitzenmanagern bis hin zum so genannten *goldenen Handschlag*, d. h. eine Abschlagsvergütung, wenn ein Spitzenmanager das Unternehmen verlässt. Unter Standesgesichtspunkten ist es deswegen auch angemessen, dass der ehemalige Vorstandsvorsitzende Klaus Esser, nachdem er Mannesmann nach der feindlichen Übernahme durch Vodafone verlassen musste, eine 15.000.000 € Sonderzahlung erhielt, wie Josef Ackermann mit seinem Victory- Zeichen anlässlich der Gerichtsverhandlung zum Ausdruck brachte.

Die Höhe der Vergütung eines Spitzenmanagers hat somit mit einer normalen Vergütung eines Arbeitnehmers nichts zu tun.

2. Leisten Vorstandsvorsitzende so viel mehr für die Gesellschaft als andere, dass so hohe Gehälter wirtschaftlich gerechtfertigt sind?

Wenn ein Unternehmen einen mehrfachen Milliardengewinn erwirtschaftet, dann macht es eigentlich keinen großen Unterschied, ob der Vorstandsvorsitzende 7,5 Millionen oder nur 500.000 € verdient. Vom Unternehmensgewinn her kann die Managervergütung im Sinne einer nach oben offenen Richterskala festgesetzt werden. Wieweit kann man nun von der Höhe des Gewinns her eine angemessene Vergütung des Vorstands begründen?

Wenn man argumentiert, dass der Vorstandsvorsitzende bei Entscheidungen das letzte Wort hat und der Erfolg ihm somit maßgebend zuzurechnen ist, dann könnte man auch argumentieren, dass ihm der gesamte Gewinn nach einer üblichen Verzinsung der Kapitaleigner zum Nominalwert zusteht. Aber den könnte man wohl mit noch mehr Berechtigung dem Entwickler der Produkte oder dem technischen Leiter der Produktion oder dem für Marketing Verantwortlichen zusprechen. Letztlich ist das Ergebnis allen Mitarbeitern gemeinschaftlich geschuldet.

Wir sahen schon, wie die hohen Gehälter der Manager zustande kommen und wie die Höhe der Belohnung zwar von der Größe und Bedeutung eines Unternehmens mit abhängt, nicht aber unbedingt von der Qualifikation und Arbeit der Manager. Denn diese Arbeit ist in allen Unternehmen nahezu gleich. Warum sollte also ein Spitzenmanager, wenn man seine Aufgaben im Unternehmen betrachtet, in einer Gesellschaft, die mehrere Milliarden Gewinn macht, mehr verdienen als in Unternehmen mit einem geringeren Gewinn. Die sonstigen Arbeitnehmer werden ja im Allgemeinen auch nicht unterschiedlich in erfolgreicheren und in weniger erfolgreicheren Unternehmen bezahlt.

Natürlich können auch Managergehälter Erfolgskomponenten enthalten, so wie ein Akkordarbeiter mehr verdienen kann, als seine Kollegen. Aber die Erfolgskomponenten dürfen nur einen untergeordneten Anteil der Vergütung ausmachen. Sonst korrumpieren sie die Arbeitsmoral. Das gilt schon für die Akkordarbeit. Nicht ohne Grund sagt man: „Akkord ist Mord". Bei der Akkordarbeit leiden das Betriebsklima und die Freude an der Arbeit als solcher. Eine primäre Leistungsvergütung verführt eher dazu, unseriös zu arbeiten beziehungsweise aus Mitarbeitern unangemessen viel heraus zu pressen, und dass insbesondere, wenn ein kurzfristiger Ertragswert angestrebt wird.

Besser wäre es, alle Mitarbeiter an dem Erfolg teilhaben zu lassen, und zwar im Verhältnis zu ihrer Festvergütung. Wenn alle sich für das Unternehmen verantwortlich fühlen, müsste der Erfolg nicht unbedingt geringer ausfallen, und ist der langfristige Gewinn wahrscheinlich sogar höher, wenn auch der Anteil für Shareholder und Manager dabei geringer sein kann. Aber hat die Wirtschaft die Aufgabe, Spielgeld für Spekulanten und deren Helfershelfer zu generieren oder sollte sie eine optimale Versorgung und befriedigende Arbeit, die den größten Teil der Lebenszeit eines Menschen ausmacht, sicherstellen?

Als ein weiteres Argument für ein hohes Managergehalt wird angeführt, dass Manager die Verantwortung für das Unternehmen haben. Abgesehen davon, dass dabei noch die Frage zu klären ist, Verantwortung für die Eigentümer, auch wenn es sich dabei um spekulierende Aktionäre handelt, oder für die Existenz des Unternehmens und die Beschäftigung der Mitarbeiter, macht man sich insbesondere nach den Erfahrungen der letzten Jahre mit diesem Argument lächerlich. Welcher Manager hat in den letzten Jahren eine angemessene Verantwortung für Verluste in dem von ihm geführten Unternehmen übernommen? Im Gegenteil: Spitzenmanager versuchen häufig noch gerichtlich gewohnte Vergütungen durchzusetzen, nachdem das Unternehmen in den Konkurs getrieben wurde.

Das soll natürlich nicht heißen, dass ein Manager nicht ein Spitzengehalt verdienen soll. Da es aber dafür keine objektiven Kriterien und allenfalls einen oligarchischen Markt für Spitzenmanager gibt, in dem Manager über Manager urteilen nach Standesvorstellungen im Sinne einer Selbstbedienung in einer etablierten Klasse, können Managergehälter letztlich nur nach akzeptierten Vorstellungen der Gesellschaft festgelegt werden.

Nach der laufenden Diskussion dazu werden Spitzenmanagern Gehälter von etwa dem 20-fachen eines Durchschnittsgehaltes gesellschaftlich zugebilligte, und das soll in etwa einem Jahresgehalt von 500.000 € entsprechen. Deswegen fordert die Bundesregierung auch, dass Vorstandsvorsitzende von Banken und Firmen, die der Staat vor dem Konkurs gerettet hat und an dem der Staat maßgeblich beteiligt ist, nicht mehr als etwa 500.000 $ verdienen dürfen. Aus diesem Grunde fällt auch das Gehalt des Vorstandsvorsitzenden der Commerzbank mit 570.000 € weit hinter die Gehälter vergleichbarer Kollegen zurück.

3. Braucht ein Vorstandsvorsitzender eine so hohe Vergütung?

Sinn des Wirtschaftens ist, der Umgang mit knappen Gütern zur höchstmöglichen Befriedigung der Lebensbedürfnisse der Menschen. Das gilt sowohl für einen Einzelnen, für Gemeinschaften und die Menschheit als ganzer. Stets geht es darum, wie kann ich mehr oder weniger knappe Güter so nutzen und bearbeiten oder erzeugen, dass ich oder wer immer daraus eine optimale Bedürfnisbefriedigung erzielt.

Letztendlich ist aber alles, was genutzt und produziert wird, zum Konsum bestimmt. Dabei kann es sich um einen unmittelbaren Verbrauch handeln oder um eine längerfristige Nutzung, wie zum Beispiel die eines Hauses, eines Schiffes oder eines anderen Gebrauchsgegenstandes. Für Notzeiten und das Alter wurden Produkte gelagert, soweit sie gelagert werden konnten. Einfacher war es, nicht unmittelbar benötigte Produkte in Edelmetalle, Edelsteine oder andere dauerhafte Wertgegenstände einzutauschen und sie in Notzeiten wieder zu verkaufen. Nach der Erfindung des Geldes wurde dafür Geld genommen.

Dass Geld um seiner selbst willen angehäuft wird und nicht nur als Zahlungsmittel zum optimalen Austausch von Gütern und zum Sparen für späteren Konsum dient, hat mit dem Sinn von Wirtschaften nichts zu tun. Zwar kann man Ersparnisse Investoren zur Verfügung stellen und sollte es auch tun, damit die Ersparnisse dem realwirtschaftlichen Kreislauf wieder zugeführt werden, und kann sich durch Zinsen und Beteiligungen zusätzliche Einkommen verschaffen.

Letztlich muss aber alles auf den Konsum bezogen bleiben. Unter diesem Aspekt kann man fragen, wozu brauchen Spitzenmanager so hohe Vergütungen, und was für Spitzenmanager gefragt wird, gilt natürlich auch für hoch dotierte Fußballer und sonstige Spitzenverdiener.

Aber formulieren wie die Frage wieder persönlich. Wozu braucht Josef Ackermann 9,6 Millionen € pro Jahr? Kann er für 9,6 Millionen € pro Jahr konsumieren? Selbst wenn er sich ein Schloss kaufen und es betreiben würde, sich eine Luxus-Yacht anschafft und aufwändig konsumiert, ist das kaum vorstellbar, und das schon gar nicht bei Josef Ackermann, der doch einen sehr arbeitsintensiven Job hat und davon voll in Anspruch genommen wird.

Es ist natürlich denkbar, dass Josef Ackermann mit dem Geld Forschung und Entwicklung und soziale und kulturelle Projekte unterstützt oder als, wie man sagt "Unternehmensengel" innovative Unternehmer fördert. Dann ist ein solches Gehalt gerechtfertigt. Dann ist ihm auch sein Gehalt ein Mittel, um gesellschaftlich möglichst viel bewegen zu können.

Wenn Josef Ackermann mit dem Geld, das er nicht braucht, aber auf dem Kapitalmarkt spielen sollte, dann ist das ethisch verwerflich. Denn Einkommen ist nach ethischen Grundsätzen dazu da, verbraucht zu werden. Mit Eigentum darf man nicht *spielen*, und das Spiel beginnt bereits, wenn man Geld investiert nicht zu dem Zwecke, dass damit das eigene oder das Gesamtwohl gefördert werden, sondern nur um des Geldgewinnens selbst. Das mag zwar für die liberalistische Wirtschaftsordnung und die Kaste der Spitzenmanager eine unkonventionelle Bewertung sein, aber nicht, wenn man alte in der Gesellschaft verankerte ethische Grundsätze zugrundelegt.

Wenn heute über die verschiedenen Formen von Spekulationen geklagt wird, so darf nicht vergessen werden, dass diese Spekulationen in diesem Maße nur möglich sind, weil es zu viele Superreiche gibt, die Gelder, die sie für persönliche Zwecke nicht brauchen, auf den Kapitalmarkt werfen und so die wirtschaftlichen Probleme, in denen wir uns befinden erst verursachen. Würden sie wenigstens ihre Einkünfte verbrauchen, gäbe es auf dem Gütermarkt zumindest keine Ungleichgewichte.

Ich fasse zusammen:

Die Höhe der Einkünfte von Spitzenmanagern wird weitgehend nach vom normalen Arbeitsmarkt abgehobenen *Standeskriterien* festgesetzt, die gesellschaftlich nicht getragen werden. Die Gehälter sind auch nicht aus ihren Manageraufgaben nachvollziehbar ableitbar. Zwar billigt man Spitzenmanagern auch Spitzengehälter zu. Nach allgemeinem gesellschaftlichen Verständnis sollte ein Spitzengehalt aber 500.000 € pro Jahr nicht übersteigen.

Da nach allgemeinem ethischen Verständnis des Wirtschaftens nur so viel verdient werden sollte, wie man selbst braucht beziehungsweise für gemeinnützige Zwecke und zur Weiterentwicklung der Wirtschaft und Gesellschaft verwendet, handeln alle die Spitzenmanager unethisch, die mit nicht genutztem Einkommen im weitesten Sinne auf dem Kapitalmarkt *spielen*. Sie verlieren dadurch selbst die Ehrfurcht vor denjenigen, für die Arbeit wirklich *Arbeit* ist. Denn Spitzenmanager finden in ihrer Aufgabe selbst die höchste Befriedigung. Von daher ist es eigentlich ungerecht, dass diejenigen, die die meiste Freude an ihrer Arbeit haben, auch das meiste Geld verdienen. Spitzenmanager berührt es deswegen auch nur wenig, wenn sie, auch zur Optimierung ihrer eigenen Bezüge, viele Arbeitnehmer wegrationalisieren.

Geld könnte man als das Blut des wirtschaftlichen Kreislaufs bezeichnen. Wer es für Spielzwecke dem realwirtschaftlichen Kreislauf entzieht, handelt wie ein *Blutegel*, der dem Körper Blut entzieht. Wenn *Blutegel* aber als Vorbilder für eine Wirtschaft gelten, wird auch die Arbeitsmoral der übrigen mehr und mehr korrumpiert.

Soweit Einkünfte 500.000 € überschreiten und nicht für gemeinnützige Zwecke eingesetzt werden, sollten sie zusätzlich mit Spielsteuern, wie Spiele in Spielcasinos, belastet werden, und erst danach einer normalen Steuer unterliegen[43]. In diesem Sinne werden in einzelnen Ländern bereits Sondersteuern auf Boni erhoben. International ist das ist natürlich nur schwer durchsetzbar, sollte aber zur Leitlinie werden.

43 Detaillierter dazu: Petersen (2010a), S.399ff.

Mehr Netto vom Brutto.
Das Patentrezept der Liberalen zur Lösung von Wirtschaftsproblemen

Dem Liberalismus gebührt das Verdienst der Befreiung des Unternehmertums aus der Bevormundung des absolutistischen merkantilistischen Staates und damit die Freisetzung eines Maximums an freier Unternehmerinitiative zur Umsetzung der Erfindungen der industriellen Revolution zur Rationalisierung der Arbeit und Entwicklung neuer Produkte. Ein weiteres Erfolgserlebnis hatten die Liberalen, als es Ludwig Erhard nach dem Zweiten Weltkrieg gelang zu verhindern, dass der Staat, wie im Dritten Reich weiterhin oder nach sozialistischen planwirtschaftlichen Vorstellungen, die Wirtschaft bestimmte. Die Entfesselung freier Unternehmerinitiative war die Kraft, die entscheidend zum *Deutschen Wirtschaftswunder* nach dem Zweiten Weltkrieg beitrug.

Die Einschränkung der Staatsmacht verhärtete sich durch diese Erfahrungen bei den Wirtschaftsliberalen zu einem *Dogma* und *Allheilmittel*, ganz gleich, wie die Wirtschaft sich auch immer entwickelte.

Aus der Vorkriegszeit und zwischen den Weltkriegen hatten die Liberalen zwar gelernt, dass eine ungeregelte Marktwirtschaft sich selbst zerstören kann. Propagiert wurde deswegen eine so genannte *Soziale Marktwirtschaft.* Worin das *Soziale* einer Sozialen Marktwirtschaft besteht, wurde allenfalls zur Zeit der sozialliberalen Koalition Brandt/Scheel und Schmidt/Genscher thematisiert, reduzierte sich nach dem Wiedererstarken der Wirtschaftsliberalen in der FDP zur Zeit der schwarz-gelben Koalitionen unter der Kanzlerschaft von Helmut Kohl jedoch darauf, Monopol- und Kartellbildungen zu verhindern und ansonsten den Markt, so weit wie möglich auf alle gesellschaftlichen Bereiche auszudehnen.

Dabei sollten auch gemeinnützige Aufgaben und Infrastrukturentwicklungen wenn möglich privatisiert werden. Was die Arbeitnehmer betraf, so sollten auch sie sich nicht mehr nach berufsethischen Gesichtspunkten verhalten, sondern auch als Kapitalisten ihre Arbeit meistbietend verkaufen und ihre Ersparnisse möglichst in Aktien anzulegen, um an der allgemeinen Entwicklung teilzuhaben. Sparen in Arbeitnehmerhand wurde deshalb auch immer wieder durch Steuervergünstigungen und/oder Zuschüsse und die Propagierung von Volksaktien gefördert.

Da der Staat nach der Meinung der Liberalen unwirtschaftlich arbeitet, eine ausufernde Bürokratie hat und viele Aufgaben ausführt, die nach Meinung der

Liberalen von Privaten wirtschaftlicher ausgeführt werden können, war ihre zentrale Forderung nach dem Motto *Mehr netto vom Brutto*: Steuersenkungen. Die Liberalen versprachen sich davon:

1. ein höheres Nettoeinkommen der Bürger, die das Geld lieber selber ausgeben sollten, anstatt dass der Staat für sie Leistungen erbringt,
2. einen stärkeren Zwang für den Staat zu sparen, zum Beispiel durch Abbau und Rationalisierung der Bürokratie,
3. da wie selbstverständlich vorausgesetzt, dass das Plus an Netto wieder zusätzlich konsumiert oder investiert wird, eine steigende Nachfrage nach Konsum- und Investitionsgütern, durch die sich das Sozialprodukt erhöht.

Gegen diejenigen, die der Meinung sind, dass der Staat sich eigentlich Steuersenkungen gar nicht leisten könnte, argumentieren die Liberalen deswegen, dass der Staat durch das durch geringere Steuerbelastungen bewirkte Wachstum die Steuerausfälle in Form von zusätzlichen Steuereinnahmen sogar noch zurückerhält. Das heißt: Steuersenkungen sind auch ein Mittel, die Verschuldung abzubauen oder, anders überspitzt formuliert, wären die Steuerbelastungen geringer, gäbe es keine Staatsverschuldung. Man kann somit nach den Vorstellungen der Liberalen den Teufel mit Beelzebub austreiben.

Wenn diese Folgerungen richtig wären, dann könnte der Staat die gleiche Wirkung auch mit Schuldenbegrenzung und -rückzahlung erreichen. Auch dadurch würden den Privaten wieder Mittel zufließen, die sie für eigene Ausgaben nach eigenen Gutdünken ausgeben könnten. Durch die dadurch bewirkten zusätzlichen Steuern könnte somit auch die Rückführung der Staatsschulden finanziert werden. Man würde dadurch noch unmittelbarer wirtschaftliches Wachstum und Schuldenabbau bewirken.

Als Beweis dafür, dass durch Schuldenabbau angeblich wirtschaftliches Wachstum gefördert wird führt die FDP an:

1. Die Steuersenkungen von Ronald Reagan.

Die Wirtschaftspolitik Reagans begann jedoch, wie bei Margret Thatcher in England, mit einer gezielten Schwächung der Gewerkschaften. Diese Schwächung wurde begünstigt durch die Verlagerungsmöglichkeiten von Produktionskapazitäten in Billiglohnländer.

Um den Rüstungswettlauf im *Kalten Krieg* gegen den Osten zu gewinnen, erhöhte Reagan die Staatsausgaben und entsprechend die Staatsschulden sehr stark. Diese Maßnahmen waren schon allein ausreichend, die Konjunktur zu beleben und bewirkten wegen der Schwäche der Gewerkschaften übermäßige Gewinne der Unternehmer. Dadurch stiegen die Gewinne überproportional und entsprechend die Steuern so stark, dass die Steuersenkungen dadurch überkompensiert wurden.

Entgegen der Meinung der Liberalen ist die Konjunkturbelebung somit nicht primär auf die Steuersenkungen, sondern auf die unbeabsichtigte, wenn man so will, extreme antizyklische Fiskalpolitik à la Keynes, zurückzuführen.

Beachtet werden muss zudem noch, dass

a.) dieses Wachstum mit einem Abbau der Industrieproduktion einherging, die im Zuge der Globalisierung außer Landes getrieben wurde,

b.) die Gewinne, insbesondere der Unternehmer und Vermögenden wegen des Mangels an realwirtschaftlichen Investitionsmöglichkeiten im Inland auf den Kapitalmarkt wanderten und dort Finanzdienstleistungen förderte. Durch deren Einkommen und Ausgaben für insbesondere hochwertige Dienstleistungen und Luxusgüter erhöhten sich auch wiederum die Steuerzahlungen.

c.) die Einkünfte der Finanzdienstleister, insbesondere in den Finanzzentren, wie Wall Street und London, noch genährt wurden durch enorme Kapitalimporte, durch die die traditionell passiven Handelsbilanzen, insbesondere der USA, über die Devisenbilanz ausgeglichen wurden.

Reagans Steuersenkungen können somit kaum als Motor für die Konjunkturbelebung gelten. Sie haben sie psychologisch sicherlich begünstigt. Insbesondere aber hat Reagans Wirtschaftspolitik die *Finanzialisierung* der Wirtschaft gefördert und erst darüber auch die Steuereinnahmen erhöht.

Als zweites Beispiel für Steuersenkungen als Patentrezept zur Wirtschaftsbelebung nennen die Liberalen:

2. Die Steuersenkungen der schwarz-gelben Koalition unter Helmut Kohl.

Nach dem Vorbild Ronald Reagans (USA) und Margret Thatcher (Großbritannien) verfolgte die CDU/FDP Koalition unter Helmut Kohl auch eine *angebotsorientierte* Wirtschaftspolitik, auf deren Prinzipien wir weiter unten eingehen. Danach wurde die Lösung der Arbeitslosigkeit als Folge forcierten wirtschaftlichen Wachstums darin gesehen, durch Steuermäßigungen und Deregulierungen die Unternehmergewinne zu steigern. Wie aus folgender Tabelle von Dieter Griesshaber hervorgeht, stiegen die Gewinne der frühen Ära Kohl zwar, nahm die Arbeitslosigkeit dagegen aber weiter zu.

Jahr	Inflationsrate (in %)	Arbeitslose (in 1000)	Arbeitslosenquote (in %)	Wachstumsrate Bruttosozialprodukt (in %)
1981	6,3	1272	5,1	0,0
1982	5,2	1833	7,2	1,1
1983	3,3	2258	8,8	2,1
1984	2,4	2266	8,8	3,1
1985	2,0	2304	8,9	1,9

<[44]

Die Regierungsübernahme durch die CDU/FDP Koalition motivierte zwar psychologisch die Unternehmerschaft und belebte auch die Konsumnachfrage. Hinzu kamen aber realere Konjunkturimpulse. Entscheidend war der Anstieg der Exporte als Folge der weltweiten Konjunkturbelebung durch den Ost-West-Gegensatz. Darüber hinaus bewirkte, wie Griesshaber schreibt, der Preisverfall beim Erdöl >>Mitte der achtziger Jahre einen Kaufkraftschub von etwa 40 Mrd. DM. ... Begünstigt durch Kostenminderungen und hoher Inlandsfrage ging der zunächst moderate Aufschwung in eine Hochkonjunktur über.<<[45]

Entsprechend kommentiert Griesshaber: >>Die wirtschaftspolitischen Erfolge der Regierung Kohl waren zum Teil beträchtlich. So lag das Wachstum des Bruttosozialprodukts, das 1982 noch um 1,1% abgenommen hatte, 1983 wieder bei 2,1%. Auch die Inflationsrate nahm ständig ab. Nicht erfolgreich war die Regierung Kohl beim Kampf gegen die Arbeitslosigkeit. Noch im Jahr 1989 gab es 2,04 Millionen Arbeitslose<<[46], was die insbesondere von der FDP auch heute wieder propagierte These widerlegt, dass Steuersenkungen Beschäftigung generieren müssen. Zwar können Einkommensteuersenkungen zugunsten der Vermögenden auch die Steuereinnahmen steigern.[47] Diese Steigerung ging aber einher mit einem ständigen Arbeitsplatzabbau. Das ist aber für sich kein anzustrebendes wirtschaftspolitisches Ziel.

Das Dilemma der Liberalen ist, dass sie die gegenüber der Nachkriegszeit veränderte wirtschaftliche Situation nicht zur Kenntnis nehmen und so tun, als wenn heute die gleichen wirtschaftspolitischen Maßnahmen wie in den fünfziger Jahren angezeigt sind. Insbesondere berücksichtigen sie nicht genügend:

44 Dieter Griesshaber: BRD 1982 – 1987, Geschichts- und Kulturverein Köngen e.V., 2009, http://geschichtsverein-koengen.de/HelmutKohl.htm

45 Dieter Griesshaber a.O.

46 Griesshaber: a.O.

47 Ausführlicher in: Petersen(2010a), S. 203ff.

1. den Rückgang des lebenswichtigen Bedarfs und der Basisinvestitionen nach dem Wiederaufbau der im Kriege zerstörten und danach von den Siegermächten demontierten Industrie ab den sechziger Jahren.

Verantwortlich für den Konsumrückgang machten die Liberalen im Gefolge der amerikanischen Wirtschaftspolitik die Nachfragenden selbst, die von sich aus kaum neue Bedürfnisse entfalten, sondern dazu erst von den Unternehmern angeregt werden müssen. Sie propagierten deswegen die Notwendigkeit einer *angebotsorientierten Wirtschaftspolitik,* und das heißt: Die Unternehmen müssen nicht nur Innovationen umsetzen, sondern durch aggressives Marketing auch den Bedarf wecken.

Deswegen müssen die Unternehmen aus der Sicht der Liberalen gestärkt werden. Denn nicht um die Nachfrage der Staaten zur Verbesserung der Infrastruktur, für gemeinnützige Belange und zur Umverteilung zugunsten derjenigen, die noch größeren Konsumbedarf haben, sondern um die Anbieter, die durch Investitionen Arbeitsplätze und damit zugleich die Nachfrage nach ihren Produkten schaffen, muss sich eine so genannte *angebotsorientierte* Wirtschaftspolitik kümmern.

2. Liberale sehen nicht, dass ihre Erwartungen auf Prosperität durch Stärkung der Unternehmer auf folgenden Voraussetzungen beruhen:

a. dass Gewinne, die nicht konsumiert werden, in die Realwirtschaft investiert werden müssen und
b. dass Erweiterungsinvestitionen im gleichen Umfang Arbeitsplätze schaffen müssen, wie durch Rationalisierungsinvestitionen wegfallen.

Beide Bedingungen entsprechen aber nicht den Erfahrungen. Seit den sechziger Jahren zunehmend werden in den Industrieländern mehr Arbeitsplätze durch Rationalisierungen freigesetzt, als neue geschaffen. Zunächst glaubte man noch, wegfallende Arbeitsplätze aus der Produktion in Dienstleistungen beschäftigen zu können. Abgesehen davon, dass Unternehmen ihre eigenen Dienstleistungen *outsourcesten,* d. h. Industriearbeitsplätze dadurch nur umgenannt wurden, machte die Rationalisierung auch bei alten und neuen Dienstleistungen nicht halt.
Durch Computerisierung, Internationalisierung und Automatisierung von Dienstleistungen, man braucht nur einmal Banken- und Postdienstleistungen anzuschauen, fallen tendenziell auch bei Dienstleistungen mehr Arbeitsplätze weg, als neue geschaffen werden.

Als Ausnahme wird gern auf die hohe Beschäftigung in den USA vor den Krisen verwiesen. Möglich wurde diese dadurch, dass die Sparquote in den USA auf nahezu ein Prozent gesunken war und die Konsumquote der Superreichen aus der Finanzbranche sogar nahezu 100 % betrug.

>>Nettovermögen und Sparquote* der privaten Haushalte nach Einkommensquintilen, USA, 1992-2000

Einkommensgruppe Nettovermögen in % des verfügbaren Einkommens			**Sparquote (in %)**	
	1992	**2000**	**1992**	**2000**
Insgesamt	468.6	612.7	5.9	1.3
reichstes Quintil	639.5	869.2	8.5	-2.1
4. Quintil	332.2	417.1	4.7	2.6
3. Quintil	326.7	364.9	2.7	2.9
2. Quintil	328.2	414.5	4.2	7.4
ärmstes Quintil	411.3	512.3	3.8	7.1

*inklus. Einzahlungen in betriebliche Pensionskassen (defined benefit pension plans).
Quelle: Maki/Palumbo (2001, S. 25)<<[48]

Zusätzlich beschäftigte einfließendes ausländisches Kapital, insbesondere Finanzdienstleister, und erhöhte über sie auch den Konsum. Besonders profitierten Länder wie die USA von den Spekulationen über innovative Produkte und Immobilien, von der letzteren auch Spanien.

Erstere belebten Entwicklungen und Firmengründungen und letztere die von Natur aus schon sehr beschäftigungsintensive Bauindustrie. Entsprechend stark brach die Beschäftigung auch ein, als die Spekulationswellen ausgelaufen waren.

So wurde das freie Kapital nicht, wie die Liberalen als lehrbuchhaft zwingend voraussetzen, zum Motor realwirtschaftlichen Wachstums, sondern nur insoweit, als es auf dem Kapitalmarkt als Nachfrage der Finanzdienstleister und deren Gefolge *verbrannt* wurde.[49]

Was die Liberalen auch nicht genügend beachteten, war:

2. Die Konzentration der Vermögen und damit die Einkommensverteilung und Nachfragemacht in den Händen immer weniger.

Diese Entwicklung wurde oben ausführlich beschrieben. Sie schränkte die Konsumausgaben der breiten Massen ständig ein, soweit die Vermögenden nicht ihre Luxusausgaben entsprechend steigerten.

48 Till van Treeck, Eckhard Hein und Petra Dünhaupt: *Finanzsystem und wirtschaftliche Entwicklung: Tendenzen in den USA und in Deutschland aus makroökonomischer Perspektive*, S.46.

49 Petersen(2010a), S.94ff.

Durch die "Mehr Netto vom Brutto"-Politik der Liberalen, aber dem Zeitgeist folgend auch anderer Regierungen, in Form von Einkommensteuer- und Erbschaftssteuersenkungen und Vermögenssteuerwegfall wurde die Vermögenskonzentration in den Händen weniger noch gefördert, und das soll nach Meinung der Liberalen ausgerechnet auch in einer Krise funktionieren, die dadurch gekennzeichnet ist, dass wir vagabundierendes Kapital im Überfluss haben.

Können Weltwirtschaftskrisen durch eine restriktivere Regulierung der Bankgeschäfte verhindert werden?

Die derzeitige Wirtschaftskrise wurde ausgelöst durch die Weigerung von Kreditversicherern, weitere Kredite zur Finanzierung von Immobilien zu versichern. Denn die Versicherung der Kreditrisiken machte die Anlage in zweifelhafte Papiere erst möglich. Im Zentrum der Spekulation stand deshalb die *AIG American International Group*, der mächtigste Versicherungskonzern der Welt. Sie wurde von Beat Balzli u.a. in einem Beitrag in *Der Spiegel* [50] *die gefährlichste Firma der Welt* genannt.

Das spekulativ steigende Interesse an Immobilienanlagen einerseits, insbesondere durch immer weniger kritikwürdige Häuslebauer, die zunehmend zahlungsunfähig wurden, wurde den Kreditversicherern schließlich unheimlich, so dass sie Versicherungen von Immobilienkrediten einschränkten.

Das führte zu einer entsprechend verringerten Kreditvergabe. Denn ohne Kreditversicherung waren die Banken und Anleger nicht mehr bereit, Immobilien zu finanzieren, zumal immer mehr Bauherren ohne Eigenkapital eine hundertprozentige Fremdfinanzierung erwarteten und ohne eine solche ihre Immobilie nicht hätten erwerben und bauen können. Durch die Bereitschaft der Versicherer Immobilienkredite zu versichern, war die Bereitschaft der Anleger, Immobilien zu 100 % zu finanzieren, auch erst ermöglicht worden.

Immobilien gelten als relativ sichere Anlage. Wer sein Geld, wie es heißt, *mündelsicher* anlegen will, kauft deswegen gerne Immobilien oder beteiligt sich an Immobilienfonds und dies umso eher, wenn die Anlagen zusätzlich noch gegen Kreditausfall versichert werden. Verständlich, dass sich Anlage suchendes Kapital bevorzugt auf Immobilien stürzte.

Je größer der Kapitalanlagedruck und wegen der günstigen Konditionen die Baubereitschaft wurde die Nachfrage nach Baugrundstücken und Baukapazitäten immer größer, so dass baureife Grundstücke und Bauleistungen im Preis ständig stiegen. Das hatte wiederum zur Folge, dass auch die bereits fertig gestellten Immobilien im Werte anzogen und sogar für zusätzliche Konsumkredite als Sicherheit angeboten wurden.

50 Beat Balzli, Klaus Brinkbäumer, Ullrich Fichtner, Hauke Goos, Thomas Hüetlin, Christoph Pauly: Im Hauptquartier der Gier, Der Spiegel Nr. 29/13.7.09, S. 42-59.

Die Wertsteigerungen der Immobilien wurden dann gleichsam als Gott gegeben auch für die Zukunft erwartet und in die Baufinanzierung gleich mit eingerechnet. Da die Wertsteigerungen größer waren als die Verzinsung der aufgenommenen Kredite, konnten auch einkommensschwache Häuslebauer nicht nur zu einer hundertprozentigen Finanzierung ihres Eigenheims kommen, die erwarteten Wertsteigerungen erlaubten noch zusätzlich eine ständige Erhöhung des Kredites um die zu zahlenden Zinsen, so dass Häuslebauer ohne finanziellen Aufwand ihr Eigenheim bewohnen konnten und sogar noch erwarteten, zusätzlich noch einen Vermögensschnitt zu machen.

Als die Kreditgewährung wegen Wegfalls der Versicherungsmöglichkeiten und damit auch die Baunachfrage eingeschränkt wurden, gab es verständlicherweise auch keine Wertsteigerungen der bestehenden Immobilien mehr. Zinszahlungen konnten so nicht mehr den Krediten zugeschlagen, sondern mussten bedient werden. Wer das nicht konnte, musste seine Immobilie verkaufen.

Dadurch drehte sich der Markt. Die Immobilienpreise verfielen, den Banken fehlten die Sicherheiten. Sie mussten deswegen Kredite eher fällig stellen. Das wiederum erhöhte noch das Angebot von zum Verkauf stehenden Immobilien.

Durch Insolvenzen machten die Banken Verluste. Die Verluste reduzierten ihre Kreditschöpfungsmöglichkeiten. Sie wurden dadurch gezwungen, Kredite zurückzurufen, wodurch die Krise noch verschlimmert wurde.

Soweit die Kredite versichert waren, hätten Banken und Anleger zwar auf den Kreditversicherer zurückgreifen können. Doch die Kreditversicherer hatten bei ihrer Versicherungsgewährung nur mit geringen Zahlungsausfällen gerechnet und brachen deshalb unter dem Ansturm der geltend gemachten Entschädigungsforderungen selbst zusammen. Die Banken und Anleger blieben somit auf ihre notleidend gewordenen Forderungen hängen.

Die Rendite von Banken ist umso höher, je mehr Kreditvergabe mit Fremdkapital finanziert wird. Denn die errechnete Zinsdifferenz bei der Weiterleitung von Krediten wird zusätzlich zu den Zinsen auf Eigenkapital selbst dem Eigenkapital noch zugerechnet. Dadurch ergibt sich eine überproportional hohe Eigenkapitalrendite. Nur so lassen sich die enormen Eigenkapitalrenditen von 25 % und mehr, wie sie beispielsweise Josef Ackermann, der derzeitige Chef der Deutschen Bank, für sein Institut anstrebt, verstehen.

Möglichst viel Kredite zu vergeben, strapaziert aber die eigene Liquidität, so dass die Banken in Stoßgeschäften bei Liquiditätsengen auf Partnerbanken zurückgreifen und sich dort kurzfristig Liquidität leihen müssen.

Das ist so lange unproblematisch, wie die Banken ihre Partnerbanken für kreditwürdig halten. Im Vertrauen auf die Kreditwürdigkeit der *Lehman Brothers* hatte beispielsweise die deutsche Mittelstandsbank *KfW (ursprünglich Kreditanstalt für Wiederaufbau)* kurz vor dem Zusammenbruch der *Lehman Brothers* dieser noch einen Liquiditätskredit von 300.000.000 € gewährt, der dann notleidend wurde.

Wenn die Banken aber nicht mehr einschätzen können, ob und wie viele abwertungsreife Papiere die Banken haben, die um einen Liquiditätskredit nachsuchen, dann funktioniert der Interbankenverkehr nicht mehr.

Die Situation wird noch dadurch verstärkt, dass die Banken häufig selbst nicht mehr wissen, welchen Abschreibungsbedarf sie noch haben. Denn so genannte *verbriefte* Kreditforderungen, in denen Kredite von unterschiedlichen Schuldnern und Bonität zusammen geschnürt sind, sind häufig nur schwer zu bewerten. Die Banken werden dann selbst unsicher und vorsichtig bei ihrer weiteren Kreditvergabe, können aber auch Partnerbanken nicht beruhigen.

Durch den so genannten *Stresstest* für Banken wird international gerade versucht, die Risiken der einzelnen Banken im Hinblick auf weitere Finanzkrisen durchsichtiger zu machen. Kritiker werfen den Stresstestkriterien jedoch vor, dass sie viele Risiken, aus zum Beispiel dem Halten von Staatspapieren nicht oder nicht angemessen berücksichtigen oder gar nicht berücksichtigen können.

Nun regeln die Banken auch den Zahlungsverkehr in der Realwirtschaft. Rückrufe von Krediten und Zurückhaltung bei der Vergabe von neuen Darlehen beeinträchtigt somit auch die Realwirtschaft. Der Zusammenbruch der Banken und die dadurch ausgelöste Finanzkrise gelten deswegen auch als die eigentliche Ursache für die Wirtschaftskrise, und man sieht in einer stärkeren Regulierung der Geschäfte von Banken und Kapitalfonds die Möglichkeit, Wirtschaftskrisen in Zukunft zu verhindern.

Helmut Schmidt, der ehemalige deutsche Bundeskanzler, >>hat im Februar dieses Jahres in einem Artikel in der Wochenzeitung „Die Zeit“ die einzelnen Punkte skizziert, die sich logisch aus den zurückliegenden Ereignissen ergeben. Er meinte:

1. Alle privaten Finanzinstitute (inklusive Investmentbanken, Hypothekenbanken, den Investments- und Pensionsfonds, Hedgefonds, Equity Trusts, Versicherungsgesellschaften etc.) und alle marktgängigen Finanzinstrumente werden derselben Banken- und Finanzaufsicht unterstellt.

2. Die Banken- und Finanzaufsicht legt für alle Branchen der privaten Finanzinstitute Eigenkapital-Minima fest.

3. Den Finanzinstituten werden jegliche Geschäfte außerhalb der eigenen Bilanz (und der Gewinn-und-Verlust-Rechnung) verboten und unter Strafe gestellt.

4. Allen Finanzinstituten wird bei Strafe der Handel mit solchen Finanzderivaten und -zertifikaten verboten, die nicht an einer anerkannten Wertpapierbörse zugelassen und notiert sind.

5. Es wird allen Finanzinstituten bei Strafe verboten, per zukünftigen Termin Wertpapiere und Finanzinstrumente zu verkaufen, die sie zur Zeit des Verkaufes nicht zu eigen besitzen. Damit wird die Spekulation auf fallende Kurse („shortstellung") erschwert.

6. Finanzeinlagen und Finanzkredite zugunsten solcher Unternehmen und Personen werden bei Strafe verboten, die rechtlich in Steuer- und Aufsichtsoasen registriert sind.<<[51]

Aber ist das umsetzbar?

Sehen wir einmal ab von Ländern, wie die USA, Britannien, Luxemburg und die Schweiz, die von den Finanzdienstleistern leben. Sie würden verschiedenen Regelungen wohl zustimmen und Barack Obama hat in den USA als erster einen verschärften Regelmechanismus durchgesetzt, wenn auch gegen den Widerstand von Parteien und Lobbys nur in einer verwässerten Form. Dennoch haben alle Angst davor, dass die Kreditgewährung an Unternehmen durch stärkere Regulierungen noch weiter zurückgeht. Das wäre der Fall, wenn die Eigenkapitaldeckungsverpflichtung der Banken für gewährte Kredite erhöht würde.

Angesichts der Ohnmacht der Politiker agieren die Investmentbanken unbeschwerter als bisher. Sie wissen, dass die Staaten die Pleite von *Lehman Brothers* heute als ein Fiasko einschätzen, und sie rechnen sich deshalb gute Chancen aus, in kritischen Phasen von den Staaten aufgefangen zu werden.

Damit wird deutlich, dass die durch die die Regulierungen ermöglichte vergrößerte Kreditschöpfung der Banken nicht das eigentliche Problem sind - sie haben vielmehr die Konjunktur am Laufen gehalten -, sondern Kreditgewährungen Krisen nur auslösen, wenn es *realwirtschaftlich* dafür gewichtige Gründe gibt. Was ist damit gemeint?

Dass auf dem Kapitalmarkt drängende Anlage suchende Kapital braucht für seine Spekulationen Liquidität. Wie bereits dargelegt, wird für den realwirtschaftlichen Austausch von Gütern und Dienstleistungen nur ein Drittel der umlaufenden weltweiten Liquidität benötigt. Die übrige Liquidität wird für Kapitaltransaktionen gebraucht und, da mit Kapitalmarkttransaktionen mehr verdient wird, als mit realwirtschaftlicher Plackerei, lassen die Banken eher den realwirtschaftlichen Zahlungsverkehr auszutrocknen, als den Kapitalmarkt.

Dieser Liquiditätshunger hat seinerzeit die amerikanische *Federal Reserve Bank FED* dazu bewogen, den Bankenverkehr zu deregulieren. Wenn heute ge-

51 Gerhard Führing/ Mamdouh El-Morsi: *Chance vertan* S. 4.

fordert wird, Geschäftsbanken und Investmentbanken voneinander zu trennen, so hat es diese Trennung früher in einzelnen Ländern, auch in den USA, bereits gegeben. Sie fiel aber in den USA der allgemeinen Deregulierung zum Opfer. Der damalige Notenbankchef Alan Greenspan konnte den damaligen Präsidenten der USA Bill Clinton dazu bewegen, >>das entscheidende Schutzgesetz für Sparer und kleine Firmen, den so genannten Glass-Steagall-Act, abzuschaffen, der Geschäftsbanken und Investmentbanken voneinander trennen sollte, um eine allzu große Verflechtung der Branche zu verhindern. Damit riss er [wie Der Spiegel schreibt] die bis dahin bestehende Mauer ein und beschleunigte die schicksalhafte Verflechtung der Banken, die ab 2007 in die Krise führte.<<[52] Die Banken konnten sich so noch mehr den Kapitalmarktspekulationen zuwenden und dafür auch Gelder aus dem Geschäftsbankengeschäft auf den Kapitalmarkt lenken.

Da der damalige amerikanische Notenbankchef Alan Greenspan feststellte, dass er durch Kreditrestriktionen und Zinserhöhungen die Konjunktur gefährdete, ließ er der Geldentwicklung ihren Lauf. In den USA und nach deren Vorbild auch in anderen Ländern wurde die Eigenkapitalrelation, die Banken im Verhältnis zu den gewährten Krediten einzuhalten haben, immer weiter verringert und damit die Kreditschöpfung der Banken entsprechend erhöht.

Wer fordert, dass den Banken Fesseln angelegt werden sollen, der übersieht die nach wie vor bestehende Liquiditätsenge zur Abwicklung auch der Kapitalmarkttransaktionen. Was sollen die Anleger mit ihrem überschüssigen Kapital machen, wenn sie nicht mehr damit spekulieren können? Sicherlich, spekulative Kurstreibereien nützen der Realwirtschaft unmittelbar nichts, außer dass neue Aktienemissionen zu einem höheren Kurs platziert werden können und so den Unternehmen zusätzliche Investitionsmittel in die Kasse spülen. Aber Neuemissionen machen nur einen Bruchteil der Kapitalmarkttransaktionen aus. Der Hauptdeal betrifft Bestandswerte, Rohstoffe und Devisenspekulationen.

Kursgewinne sind auch weitgehend Null-Summen-Spiele. Was die einen gewinnen, verlieren die anderen, es sei denn das Kursniveau wird als Ganzes hochgetrieben. Dann können zwar alle gewinnen, bei Niveausenkungen aber auch wieder verlieren.

Übersehen werden dürfen dabei aber nicht die Einnahmen und Gewinne der Finanzdienstleister, die so unermesslich viel verdienen, dass sie, wie die Erfahrung zeigt, das Geld auch wieder mit vollen Händen ausgeben. So fließen wie

52 Beat Balzli u.a.: *Der Erreger lebt weiter*, in: Der Spiegel Nr. 38/14,9.09,S. 116

dargestellt, insbesondere in den internationalen Finanzzentren die weltweiten Ersparnisse auch wieder in die Realwirtschaft zurück. Sie beflügeln den gehobenen Konsum, Folgedienstleistungen und die Steuereinnahmen der betroffenen Länder. Insoweit werden realwirtschaftlich weltweite Ersparnisse wieder *verbrannt*.

Im Grunde wird in jeder durch langfristige realwirtschaftliche Erträge nicht fundierten Spekulationsblase Kapital *verbrannt*, in der *dotcom*-Spekulation durch Vergabe der Mittel an innovative Unternehmen mit vermeintlich langfristigen Gewinnperspektiven, in der Immobilienspekulation durch Finanzierung von Häusern für Häuslebauer, die die Belastungen aus Zinsen und Tilgung realwirtschaftlich nicht tragen konnten. Realisiert werden die Verluste aber erst, wenn die Spekulationsblasen geplatzt sind.

Aus dem Dargelegten dürfte deutlich geworden sein, dass nicht Finanzkrisen das Primäre sind, die als solche einfach durch stärkere Regulierung des Geld- und Kapitalmarktes verhindert werden können und wir dann die ewige Prosperität haben. Das primäre Problem sind vielmehr die Ungleichgewichte in der Realwirtschaft selbst, insbesondere in der Vermögens- und Einkommensverteilung. Fungible Vermögenswerte und überschüssiges von seinen Eignern nicht zum Konsum benötigtes und für realwirtschaftliche Investitionen verwendetes vagabundierendes Kapital müssen auf dem Kapitalmarkt verbrannt werden. Denn fließt das Kapital auch auf diesem Wege nicht in die Realwirtschaft als Nachfrage zurück, dann bekommen wir Depressionen.

So wird das Dilemma deutlich, vor dem die Kapitalmarktregulierer gestellt sind. Wie sollen sie die Kreditschöpfungsmöglichkeiten der Finanzbranche und deren kreative Erfindung von Finanzderivaten, um die Anleger zu befrieden, einschränken und dabei nicht gleichzeitig die Konjunktur abwürgen?

Das soll nicht heißen, dass die Forderung nach restriktiver Regulierung nicht berechtigt ist. Realwirtschaftlich wird dadurch bei Fortbestehen des Anlagedruckes jedoch nur bewirkt, dass die Krisen sich perpetuieren und nicht durch Spekulationen verdeckt werden und dann in Krisen aufbrechen. Gelöst werden kann die Problematik nur durch eine Bereinigung der wirtschaftlichen Ungleichgewichte, insbesondere das immer weitere Auseinanderklaffen in der Vermögens- und Einkommensverteilung, durch das vagabundierendes Kapital erst generiert wird.

Eine Solonische Entschuldung der öffentlichen Hände

Ungleichgewichte gibt es in allen Gesellschaften. Wenn sie gewollt sind, wie in einer Sklavenhaltergesellschaft oder im Feudalismus, sind die Wirtschaftsbeziehungen darauf abgestimmt. Aber auch in einer an sich auf Gleichheit angelegten Gesellschaft, können sich Menschen verschulden und dadurch die gesellschaftliche Harmonie infrage stellen. So zum Beispiel im antiken Griechenland zur Zeit Solons. Um 600 v. Chr. waren so viele attische Bürger in Schuldknechtschaft verfallen, dass Unruhen ausbrachen und die attische Gesellschaft in ihrer Grundstruktur erschüttert wurde. Deswegen wurde Solon, ein adeliger Kaufmann zum *Archon besileus* gewählt und hatte damit das Recht uneingeschränkt Gesetze zu erlassen.

>>Die Ausgangslage war

- aus der Sicht des Adels:

- Solon soll Unruhen unter den Bauern verhindern
- der Adel will aber seinen Besitz behalten

- aus der Sicht der Bauernschaft

- er soll die Schuldknechtschaft abschaffen
- das Land sollte neu verteilt werden

Solon sucht einen Kompromiss:

- der Adel behält seinen Besitz
- versklavte Bauern werden freigelassen
- Verbot der Schuldknechtschaft
- bereits verkaufte Sklaven werden zurückgekauft (das Geld dafür kam vom Adel)
- Schulden der Bauern werden gestrichen

Solon wurde dadurch beiden Erwartungen gerecht.<<[53]

Auch in unserer heutigen Wirtschaftsordnung werden wir von einer Krise in die andere taumeln, letztlich wegen der Disparitäten in der Vermögens-und Einkommensverteilung.

---

53 Die Reformen des Solon, http://bildung.freepage.de/cgi-bin/feets/freepage_ext/41030x030A/rewrite/olymp100/ssolon.htm

Auch die Marktwirtschaft gründet auf der prinzipiellen Gleichheit aller Wirtschaftspartner, die ihre Leistungen so aufeinander abstimmen, dass jeder leben kann.

Von der Natur her sind die Fähigkeiten der einen zwar größer als die der anderen. Sie können deswegen mehr als andere anbieten. Auch kann ein Künstler mehr Freude an seiner Arbeit haben und ihm deswegen seine Arbeit mehr wert sein, als ein möglichst hohes Einkommen und will mancher lieber Astronom als Informatiker werden, auch wenn er als Informatiker mehr verdienen würde. Daraus ergeben sich dann unterschiedliche Einkommen. Nach den Prinzipien der Marktwirtschaft ist Freude an der Arbeit aber nicht vorgesehen, sondern dürfte nur der maximale Ertrag aus dem Verkauf von Waren und Arbeitskraft zählen.

Wenn jemand seinen Verdienst investiert, statt ihn zu konsumieren, dann ist das daraus erzielte zusätzliche Einkommen auch mit der Gleichheit der Wirtschaftsbürger vereinbar. Aber was ist mit ererbten Vermögen und dem Gewinn daraus? In Bezug auf Erbschaften schlägt freies Unternehmertum in Standesverhalten um. Ein Erbe eines großen Vermögens verhält sich so, wie seinerzeit ein Adeliger zu seinem Grundbesitz und den dazu gehörenden Leibeigenen.

Wenn das Vermögen von Verstorbenen wieder an die Gemeinschaft zurückfiele, gäbe es das Problem der kumulativ wachsenden Vermögens- und Einkommensdisparität nicht. Der Staat könnte das Erbe versilbern oder als Gesellschafter weiterbetreiben und aus den Einkünften seine Aufgaben bestreiten. Die übrige Steuerlast könnte dementsprechend niedriger sein.

Nun soll man keine Prinzipien zu Tode reiten, und so auch das nicht gleicher Startbedingungen für alle jungen Menschen. Deswegen sollte den Nachkommen schon auch etwas vererbt werden. Die Erbschaften sollten aber begrenzt werden. Jedenfalls sollte die Möglichkeit, dass mit Volkseinkommen - und dazu gehört auch, was Einzelnen gehört - *gespielt* wird, eingeschränkt werden.

Marktwirtschaftler, die Wirtschaften nur auf Markt und Gewinnmaximierung gründen und von jedem Arbeitnehmer erwarten, dass er flexibel seinen Arbeitsplatz wechselt und dazu auch an andere Wohnsitze zieht, und dass er sich notfalls umqualifiziert, werden in Bezug auf Firmenerben plötzlich sozialromantisch. Diese sollen ihren Familienbetrieb erhalten dürfen, und es wird als selbstverständlich unterstellt, dass ein Erbe ein genau so guter Unternehmer ist, wie sein Vorgänger und besser als andere den Betrieb führen kann.

Nun können durchaus Erbschaftsregeln so gestaltet werden, dass eine Fortführung eines Handwerksbetriebes als Familienunternehmen möglich ist, aber bitte nicht durch Regelungen, dass der Begünstigte schon nach kurzer Anstandsfrist der Fortführung das Unternehmen verwerten darf.

Statt aber Vermögen nach dem Tode des Eigners angemessen mit Erbschaftssteuern zu belasten, wurden die Erbschaftssteuern in Deutschland ständig reduziert und damit das Problem der zunehmenden Vermögens-und Einkommensdisparität noch verschärft.

Riesige Vermögen auf der einen und entsprechende Verschuldung von Staaten und Konsumenten auf der anderen Seite führen uns von einer Krise in die nächste, selbst wenn manche Ökonomien zeitweilig dennoch florieren. Man muss aber heute immer die Weltwirtschaft als ganze sehen und den Blick auch darauf richten, was für das Florieren bezahlt wird beziehungsweise wer sich dafür verschulden muss.

Wenn aber Unternehmer und Bürger zahlungsunfähig werden, dann müssen die Gläubiger auf Forderungen verzichten. So wird das Gleichgewicht wieder hergestellt. Und was für Unternehmen und Bürger gilt, muss auch für Staaten gelten. Wenn somit ein Staat, und das gilt auch für die Bundesrepublik Deutschland, seine Sozialleistungen, seine Infrastruktur, seine Bildung und seine Sicherheit nicht mehr bezahlen kann, dann muss er seine Gläubiger zur Kasse bitten, und da das in der Vergangenheit durch ausreichende Steuern versäumt wurde, muss es notfalls entsprechend Solons Lösung durch eine Vermögensabgabe geschehen.

Vorbild könnte dafür der Lastenausgleich sein, durch den nach dem letzten Weltkrieg unversehrte Vermögen zugunsten von zerstörten und durch Vertreibung verlorenen belastet wurden. Dadurch sollen die Vermögen nicht verschwinden. Auch kann die Abgabe verzinst und in Raten abgetragen werden[54]. Aber nur so schaffen die Staaten einen Neuanfang. Es werden dann nicht durch öffentliches Sparen alle geschädigt, sondern durch notwendige Ausgaben werden Forschung und Entwicklung, Ausbildung und Familien gefördert und so ganz allgemein die Infrastruktur für eine wirtschaftliche Belebung und damit für alle verbessert.

Was auch für Deutschland angesagt ist, gilt natürlich insbesondere für Länder wie Griechenland, Portugal und Spanien, die in Gefahr sind, nicht einmal mehr Kredite zu akzeptablen Zinsen zu erhalten.

54 Ausführlicher in: Petersen(2010a), S.378ff.

Brauchen wir eine weitere Privatisierung oder eher eine stärkere Resozialisierung von Wirtschaftsunternehmen?

Eine Hauptforderung liberaler Marktwirtschaftler ist die Privatisierung von Staatsvermögen. Der Staat soll möglichst auf eine Kontrollfunktion für das gesellschaftliche Leben und somit auch für das Funktionieren der Marktwirtschaft zurückgedrängt werden. Alle wirtschaftlichen Aufgaben sollten möglichst privatwirtschaftlich erfüllt werden. Deswegen braucht der Staat auch keine Unternehmen und außer für öffentliche Einrichtungen auch kein Vermögen. Alles nicht für im Sinne der Liberalen "eigentliche" Staatsaufgaben benötigte Vermögen sollte privatisiert werden.

Die Zurückdrängung des Staates begründen die Liberalen, wie dargelegt damit, dass der Staat nicht wirtschaften kann, bürokratisch arbeitet und nicht flexibel den wirtschaftlichen Wettbewerb bestehen kann und staatlichen Unternehmen deswegen häufig Sonderkonditionen und Subventionen zugestanden werden müssen, wie zum Beispiel der Post die Freistellung der Briefmarken von der Mehrwertsteuer.

Schon gar nicht traut man dem Staat kreative Innovationen zu, auch deswegen, weil diese immer mit Risiko verbunden sind. Für den Kontrollmechanismus des Staates angemessene demokratische Entscheidungswege sind für die Wirtschaft zu lang und zu unflexibel, so dass die wirtschaftliche Dynamik eines privaten Unternehmens nicht erreicht würde. Als Beispiel für die Berechtigung dieses Argumentes könnte man auf den schwierigen Prozess der Privatisierung der Telekom verweisen, die erst von den verkrusteten beamtenrechtlichen Strukturen befreit werden und lernen musste, sich ohne staatliche Sonderbedingungen im Wettbewerb zu behaupten.

Von den Liberalen wird bei ihrer Forderung, möglichst alle öffentlichen Aufgaben zu privatisieren - und das geht in den USA bis zur Beteiligung von privaten Unternehmen an Sicherungsaufgaben in Kriegszeiten, zum Beispiel im Irak - unterstellt, dass der Markt alle wirtschaftlichen Probleme optimal löst und der Staat nur Monopol- und Kartellbildungen verhindern muss.

Für die Anfänge der industriellen Revolution und, solange die Innovationen durch selbstständige Unternehmensgründer vorangetrieben wurden und noch werden, war beziehungsweise ist dieses Argument berechtigt. Auch dürfen wirtschaftliche Unternehmen nicht nach staatlichen bürokratischen Prinzipien geführt werden. Aber, soweit die Gründer von Konzernen gestorben sind und die Unternehmen von angestellten qualifizierten Managern geführt werden, was unterscheidet da noch ein Unternehmen, dessen Aktien von Privaten gehalten werden, von solchen, die der öffentlichen Hand gehören? In beiden Fällen ist der Vorstand dem Aufsichtsrat und einer Aktionärsversammlung gegenüber verantwortlich.

Wenn man die Interessen privater und öffentlicher Aktionäre miteinander vergleicht, d. h. im Zeitalter des *Shareholder Values* am kurzfristigen Ertragswert häufig nur kurzfristig beteiligte private Aktionäre mit dem am langfristigen Erfolg unter Wahrung von Belangen der Wirtschaftsstruktur und berechtigter Anliegen der Beschäftigten Staat, dann schlägt das Pendel zugunsten einer staatlichen, zumindest Minderheitsbeteiligung, um. Was wäre beispielsweise aus der Volkswagen AG geworden, wenn dem Spekulationsspiel von Porsche und der Börse nicht durch eine Sperrminorität Niedersachsens Einhalt geboten wäre. Und kann man etwa behaupten, dass Volkswagen sich im internationalen Wettbewerb nicht durchsetzt und nicht relativ flexibel fortschrittliche Beschäftigungsstrukturen hat?

Was das Treiben privater Kapitalanleger und Finanzdienstleister wirtschaftlich bereits für einen Schaden eingerichtet hat und wie durch *Shareholder Value*-Prinzipien die Wirtschaftsethik, auch der Industriemanager und schließlich der Arbeitenden generell, immer mehr korrumpiert wird, haben wir ausführlich behandelt.

Besonders verheerend wirkt sich oft aus, wenn nach den theoretischen Modellen häufig frisch von der Universität gekommenen Unternehmensberatern aus Infrastrukturunternehmen, wie der Bahn, ein Optimum an Gewinn für Vermögende herausgepresst werden soll - man denke an die S-Bahn-Probleme in Berlin und die ICE Pannen der Bundesbahn. Und selbst wenn wirklich in öffentlich kontrollierten Unternehmen etwas weniger Gewinn eingefahren wird, was ist wichtiger ein möglichst hoher Gewinn zugunsten weniger oder ein Optimum an Sicherheit und Mitarbeiterzufriedenheit, selbst wenn dadurch mehr Mitarbeiter beschäftigt werden?

Wenn die Frage gestellt wird, möglichst viel Gewinn für Spekulanten oder eine höhere Beschäftigung, sollte die letzte Alternative gewählt werden, wenn denn die Wirtschaftlichkeit selbst dennoch gewahrt bleibt. Eine Unternehmensführung, die nur Verluste vermeidet, aber ein Maximum an volkswirtschaftlicher Zufriedenheit bewirkt, ist besser als die Taschen von Spekulanten zu füllen.

Allerdings ist das nur möglich bei ausreichend staatlicher Kontrolle der Unternehmen. Denn, da heutzutage Unternehmen den Aufkauf und/oder die Ausschlachtung durch finanzielle *Heuschrecken* befürchten müssen, wenn sie nicht, wie Josef Ackermann als Ziel für die Deutsche Bank vorgibt, eine 25 % Eigenkapitalrendite erwirtschaften, wird nicht nur die Nachhaltigkeit der Unternehmen selbst gefährdet. Durch globale Transaktionen mehr oder weniger anonymer Spieler werden Unternehmen gegründet und geschlossen und damit Wirtschaftsregionen und Länder wirtschaftlich ruiniert.

Man denke nur an die Diskussion um die Verlagerung des Nokia-Werkes aus Bochum nach Rumänien und die Zukunft Opels. Dabei werden Staaten als für die Region und die Bevölkerung sich verantwortlich Fühlende zusätzlich von privaten Unternehmensstrategen schamlos ausgenutzt und im Hinblick auf Subventionen gegeneinander ausgespielt.

Wenn aber der Staat sich schon an Investitionen beteiligen soll, dann muss er durch eine Beteiligung am Gewinn und zur Sicherung des Standortes insoweit Miteigentümer werden. Natürlich kann auch ein Staat nicht verhindern, dass Betriebe im Wettbewerb nicht mithalten können. Aber als Miteigentümer hat er eine ganz andere Möglichkeit bei der Suche nach alternativen Beschäftigungsmöglichkeiten mitzuwirken.

Man sollte generell die Rolle des Staates in der Wirtschaft ernster nehmen, auch bei Innovationen und im Hinblick auf die Wahrung und Weiterentwicklung der Industriestruktur darauf schauen, welche Bedeutung heute staatlich geförderte Forschungs-, Innovations- und Gründerzentren haben. Innovativer Flugzeugbau und Weltraumforschung sind ohne staatliche Förderung gar nicht möglich.

Ideologisch unverkrampfter wird die Wirtschaftspolitik in den Schwellenländern betrieben. Ohne angemessene Reaktion auf Staatsfonds in China, Indien, Russland und den Ölländern werden die traditionellen Industrieländer immer mehr verlieren. Nach neuesten Meldungen soll China sogar Rohstoffexporte behindern wollen.

Wir brauchen keine weitere Privatisierung von staatlichen Beteiligungen, sondern eher eine Resozialisierung von Unternehmen, weil

1. verhindert werden muss, dass globale Spieler durch Ausschlachtung und Verlagerung erhaltbare Wirtschaftsstrukturen zerstören und
2. die Einnahmen aus Beteiligungen der öffentlichen Hand die Finanzierung ihrer vielfältigen Aufgaben erleichtern und für Steuerermäßigungen. Je mehr Gewinne bei der öffentlichen Hand anfallen, umso geringer das vagabundierende Kapital, das Wirtschaft und Gesellschaft zerstört.

Der Staat sollte jedoch nicht unbedingt die Mehrheit bei Beteiligungen anstreben und Unternehmen nach den Regeln des Marktes arbeiten lassen. Wohl aber sollte er darauf achten, dass gesunde Wirtschaftsstrukturen sich entwickeln können und erhalten bleiben. Es muss verhindert werden, dass im Interesse von Spielgewinnen von *Haien* und *Heuschrecken* Wirtschaftsregionen zerstört werden.

Literaturverzeichnis

Alt, Franz / Peter Spiegel *Gute Geschäfte. Humane Marktwirtschaft als Ausweg aus der Krise. 2009.* Aufbau Verlag.

Altmann, Jörn: *Wirtschaftspolitik*, 8. Auflage, Verlag Lucius & Lucius, UTB.

Balzli, Beat u.a.: *Der Erreger lebt weiter*, in: Der Spiegel Nr. 38/14,9.09.

Balzli, Beat/ Michaela Schießl: *Der Mann, der zu viel wusste*, in: Der Spiegel Nr. 28/6.7.09.

Balzli, Beat, Klaus Brinkbäumer, Ullrich Fichtner, Hauke Goos, Thomas Hüetlin, Christoph Pauly: *Im Hauptquartier der Gier*, Der Spiegel Nr. 29/13.7.09, S. 42-59.

Beyer, Jürgen (2003): *Deutsche Bank, Allianz und das Verflechtungszentrum des deutschen Kapitalismus*, in: Wolfgang Streeck und Martin Höpner (Hrsg.) ... Fallstudien zur Auflösung der Deutschland AG, Frankfurt: Campus 2003.

Bienzeisler, Bernd: *Rationalisierung im Dienstleistungssektor – Strategien und Probleme*, in: Duisburger Beiträge zur Soziologischen Forschung, Gerhard-Mercator-Universität Gesamthochschule Duisburg.

Clark, Colin 1940: *The Conditions of Economic Progress*. London: Macmillan.

Csizi, Veronika: *Die Luft wird dünner. Der Euro Hat sich erholt, doch Anleger sollten ihm nicht zu viel trauen.* Der Tagesspiegel Nr. 20692, vom 31. Juli 2010, S. 19.

Der Tagesspiegel Nr. 20 425, von 25.10.2009: *Kein Wachstum durch Steuersenkung*, S. 18.

Der Tagesspiegel Nr. 20 500 vom 16.1.2010, S. 15: *„Keine Verpflichtung fürs Gemeinwohl", Deutscher Goldmann-Chef rechnet mit Politik ab.*

Deutsche Bank Research (2001): *Aktuelle Themen – Abschied von der Deutschland AG*, Nr. 218, 12. September 2001.

Die Reformen des Solon, http://bildung.freepage.de/cgi-bin/feets/freepage_ext/41030x030A/rewrite/olymp100/ssolon.htm

Eatwell, J., Taylor, L. (2000): *Global Finance at Risk – the Case for International Regulation*, in: Cambridge/UK: Polity Press.

Ehrlich, Volker: *Arbeitslosigkeit und zweiter Arbeitsmarkt*; Frankfurt/M 1997.

Fama, E. F. (1980): *Agency problems and the theory of the firm, in: Journal of Political Economy*, 88(2), 288-307.

Ferguson, Nial: in einem Interview in: *Wir brauchen neue Banken*, in Spiegel Geschichte 4/2009: *Geld! Von dem Fuggern zur Finanzkrise: eine Chronik des Kapitals*, S.13-18.

Financial Times Deutschland vom 26.05.2009: *Konjunkturentwicklung, Kommt Inflation oder sogar Deflation?*, http://www.ftd.de/finanzen/maerkte/marktberichte/:konjunkturentwicklung-kommt-inflation-oder-sogar-deflation/518297.html

Flassbeck, Heiner: *Banker auf dem Markt*, in: Wirtschaft & Markt, Das ostdeutsche Wirtschaftsmagazin Berlin 20. Jhrg., Nov./Dez. 2009 S. 54.

Fourastié, Jean 1954: *Die große Hoffnung des zwanzigsten Jahrhunderts*. Köln: Bund.

Franz, Wolfgang: *Wettbewerbsfähige Beschäftigung schaffen statt Arbeitslosigkeit umverteilen*; Gütersloh 1997.

Friedmann, Jan: *Große Gartenhure*, in Spiegel Geschichte 4/2009: *Geld! Von dem Fuggern zur Finanzkrise: eine Chronik des Kapitals.*

Frühbrodt, Lutz: *Wirtschaftsenwicklung in den USA*, http://www.lsg.musin.de/Geschichte/Geschichte/usa/wirtschaftsentwicklung_usa.htm

Führing, Gerhard / Mamdouh El-Morsi: *Chance vertan?*, Brief der Hrsg. in: *Fonds. professionell*, Ausgabe3/2009, S. 4.

Gell-Mann, Murray: *Das Quark und der Jaguar. Vom Einfachen zum Komplexen - Die Suche nach einer neuen Erklärung der Welt*, Piper München Zürich 1994, S. 354.

Goos, Hauke und Ralf Hoppe: *Schicksale Das Depot*, in Der Spiegel Nr. 27/29. 6.09, S. 48.

Graham, J., Harvey, C., Rajgopal, S. (2005): *The economic implications of corporate financial reporting,* NBER Working Paper, 10550.

Griesshaber, Dieter: *BRD 1982 – 1987*, Geschichts- und Kulturverein Köngen e.V., 2009, http://geschichtsverein-koengen.de/HelmutKohl.htm

Grossekettler, Heinz*: 40 Jahre Stabilitäts- und Wachstumsgesetz. Theoretische Analyse und statistische Evaluation einer verfassungsökonomischen Innovation*, http://www.atypon-link.com/AV/doi/pdf/10.1524,

Grötker, R. (2006): *Die Sache mit dem Shareholder Value: Wo er herkommt. Und wo er hinführt,* in: brand eins 3/2006, 72-79.

Hank, Rainer: *Der amerikanische Virus*, Karl Blessing Verlag 2009.

Häußermann, Hartmut / *Siebel*, Walter 1995: *Dienstleistungsgesellschaften.* Frankfurt/M., Suhrkamp.

Heinsohn, Gunnar und Otto Steiger: *Eigentum, Zins und Geld, Ungelöste Rätsel der Wirtschaftswissenschaft*, Metropolis-Verlag für Ökonomie, Gesellschaft und Politik, 2009.

Höpner, M. (2003): *Wer beherrscht die Unternehmen? Shareholder Value, Managerherrschaft und Mitbestimmung in Deutschland,* Schriften des Max-Planck-Instituts für Gesellschaftsforschung, Bd. 46.

Huffschmid, J. (2002): *Politische Ökonomie der Finanzmärkte*, 2. Auflage, Hamburg: VSA.

Jahnke, Joachim: *Falsch globalisiert*, vsa-Verlag 2006.

Jensen, M. C., Meckling, W. H. (1976): *Theory of Firm - Managerial Behavior, Agency Costs and Ownership Structure*, in: Journal of Financial Economics, 3(4), 305-360.

Jung, Alexander: *Das Fanal von 1929*, in: Spiegel Geschichte 4/2009: *Geld! Von dem Fuggern zur Finanzkrise: eine Chronik des Kapitals*, S. 93-100.

Kaiser, Helmut: *„Das Ende von Buy & Hold“, Plädoyer für eine dynamische Asset-Allokation*, in: *Rendite*, Das Anlagemagazin der Börsen-Zeitung, Frankfurt am Main, Dezember 09, S. 12.

Kaplan (1989): *The Effects of Management Buyouts on Operating Performance and Value*, in: Journal of Financial Economics, 24, S. 217-254

Kaufmann, F.-X: *Der Ruf nach Verantwortung. Risiko und Ethik in einer unüberschaubaren Welt.* Reihe Herder-Spektrum. Bd. 4138. Freiburg i.Br.: Herder, 1992.

kfw impuls Juli 2009: *Ein Milliardenprogramm für die deutsche Wirtschaft*,

Kramer, Thorsten: *Auf die Auswahl kommt es an*, in: Rendite, Das Anlagemagazinen der Börsen-Zeitung, Frankfurt am Main, Dezember 09, S. 14.

Kramer, Thorsten: *Günstige Titel sind nicht immer Schnäppchen*, in: Rendite, Das Anlagemagazinen der Börsen-Zeitung, Frankfurt am Main, Dezember 09, S. 16.

Kronauer, Martin 1997: *Soziale Ausgrenzung und Underclass. Über neue Formen der gesellschaftlichen Spaltung*. In: Leviathan, Jg. 25, Heft 1, 1997, S. 28-49.

Kühne, Karl: *Wende der Weltkonjunktur?* http://library.fes.de/gmh/main/pdf-files/gmh/1957/1957-12-a-732.pdf,

Layard, Richard: *Die glückliche Gesellschaft. Kurswechsel für Politik und Wirtschaft*. Campus-Verlag, Frankfurt/New York 2005.

Lazonick, W., O'Sullivan, M. (2000): *Maximizing Shareholder Value: a new ideology for corporate governance*, in: Economy and Society, 29(1), 13-35.

Lenin, W. I.: *Der Imperialismus als höchstes Stadium des Kapitalismus* - Gemeinverständlicher Abriß:, Lenin-Werke Band 22, 3. Auflage, unveränderter Nachdruck der 1. Auflage 1960, Berlin/DDR. S. 189-309.

Maki, D. M., Palumbo, M. G. (2001): *Disentangling the wealth effect: A cohort analysis of household saving in the 1990s*, Board of Governors of the Federal Reserve System (U.S.), Finance and Economics Discussion Series, 2001-21.

Manne, H. G. (1965): *Mergers and the market for corporate-control*, in: Journal of Political Economy, 73:2, pp. 110-120.

Miegel, Meinhard, Stefanie Wahl, Martin Schulte: *Die Einkommensentwicklung ausgewählter Bevölkerungsgruppen in Deutschland,* IWG BONN 2008.

Miegel, Meinhard: *EXIT Wohlstand ohne Wachstum*, Propyläen, Ullstein, Berlin 2010.

Meyer, Cordula: *Der Dollar-Orkan*, in Spiegel Geschichte 4/2009: *Geld! Von dem Fuggern zur Finanzkrise: eine Chronik des Kapitals*, S. 130-137.

Mortsieper, Henrik: *Ackermann ist wieder Spitze*, Der Tagesspiegel, Nr. 20 692, 31.7. 2010

Noelle-Neumann, Elisabeth/Köcher, Renate(Hrsg.), *Allensbacher Jahrbuch der Demoskopie 1998 bis 2002*, Allensbach am Bodensee 2002.

Parkinson, C. N. (2001): *Parkinsons Gesetz und andere Studien über die Verwaltung* (Übers., Parkinson's Law, 1957). 2. erw. Aufl., München: Econ Taschenbücher.

Pauly Christoph, Wolfgang Reuter, Gregor Peter Schmitz, Thomas Schulz, Gabor Steingart, Wieland Wagner: *Wahnsinn 2.0*, in Der Spiegel, Nr.48/23.11.09, S.72-83.

Petersen, Uwe (1985) *Arbeitslosigkeit unser Schicksal? Wirtschaftspolitik in der Stagflation*, Verlag Peter Lang, Frankfurt/M., Bern, New York, Europ. Hochschulschriften Reihe V.

Petersen (2007b): *Religionsphilosophie der Naturwissenschaften*, Philosophische Reihe, Hg. J. Heil, Turnshade Ltd. London.

Petersen (2010a) *Wirtschaftsethik und Wirtschaftspolitik. Zur Überwindung der globalen Wirtschaftskrise. Von der liberalen zur sozial-liberalen Wirtschaftsordnung, Verlag Dr. Kovac, Hamburg*

Pinker, Steven: *Wie das Denken im Kopf entsteht*, Kindler Verlag, München 1998.

Pribram, K.: Die Idee des Gleichgewichts in der älteren nationalökon. Theorie. Z. Volkswirtschaft, Sozialpolitik und Verwaltung 17 (1908) 1–28.

Rappaport, Alfred: *Shareholder Value*. Schäffer-Poeschel Verlag Stuttgart 1999.

Rohleder, Christoph: *Globalisierung, Tertiarisierung und multinationale Unternehmen - Eine international vergleichende Analyse zur Diskordanz von wirtschaftlicher und politischer Entwicklung-*, Kölner Dissertation 2004.

Roth, Siegfried (IG Metall Vorstand): *Informatisierung in der Automobilindustrie*, Tagung "Informatisierung der Arbeit - Gesellschaft im Umbruch", Darmstadt, 28.1.2005.

Sauermann, Martin: *Die Entwicklung von Private Equity in Deutschland*, FiDL Working Papers Nr. 9, 2007, hrsg. von Christoph J. Börner.

Schönball, Ralf: *Immer mehr Beschäftigte brauchen Geld vom Staat*, in: Tagesspiegel Nr. 20 417, vom 21,10. 2009, S.7.

Schröder, Miriam: *Die ewige Baustelle*, in: Der Tagesspiegel Nr. 20 457, 30.11. 2009, S. 17.

Schulmeister, S. (2007): *Finanzspekulation, Arbeitslosigkeit und Staatsverschuldung*, in: Intervention, Heft 1, 2007.

Spenneberg, Lutz: *Der Zocker an der Notenpresse*, in Spiegel Geschichte 4/2009: *Geld! Von dem Fuggern zur Finanzkrise: eine Chronik des Kapitals*, S. 52-55.

Stocker, Klaus: Management internationaler Finanz- und Währungsrisiken, Gabler Verlag, 2., vollst. überarb. Aufl. 2006.

Streeck, Wolfgang und Martin Höpner (Hrsg.)(2003*):-Eine international vergleichende Analyse zur Diskordanz von wirtschaftlicher und politischer Entwicklung-*, Köln. Diss. 2004.

van Treeck, Till, Eckhard Hein und Petra Dünhaupt: *Finanzsystem und wirtschaftliche Entwicklung: Tendenzen in den USA und in Deutschland aus makroökonomischer Perspektive*, Studies 5/7, Hans Böckler Stiftung.

Visser, Corinna: *Geschäftstüchtige Wohltäter*, in: Der Tagesspiegel Nr. 20488, 3.1.2010, S. 24.

Weber, Max: *Die protestantische Ethik und der Geist des Kapitalismus*, Gesammelte Aufsätze zur Religionssoziologie I, UTB, J.C.B Mohr (Paul Siebeck), Tübingen, S. 17-206.

Wellershoff, Klaus W.: *Perspektiven für Weltwirtschaft und Finanzmärkte*, http://www.wfu.ch/downloads/top18_rede_wellershoff_20090318.pdf.

FSC
www.fsc.org
MIX
Papier | Fördert
gute Waldnutzung
FSC® C083411

Zeitfracht Medien GmbH
Ferdinand-Jühlke-Straße 7
99095 Erfurt, Deutschland
produktsicherheit@kolibri360.de